उर्दू है मेरा नाम

इक़बाल अशहर

राजपाल

ISBN : 9789389373066

प्रथम संस्करण : 2019 © Iqbal Ashhar
URDU HAI MERA NAAM (Poetry) by Iqbal Ashhar

राजपाल एण्ड सन्ज़

1590, मदरसा रोड, कश्मीरी गेट, दिल्ली–110006
फोन : 011–23869812, 23865483, 23867791
e-mail : sales@rajpalpublishing.com
www.rajpalpublishing.com
www.facebook.com/rajpalandsons

मैं ये किताब

जामिया को-ऑपरेटिव बैंक दिल्ली

के संस्थापक और क़दआवर समाज सुधारक

मिर्ज़ा फ़रीदुल हसन बेग मरहूम

की इल्मी, तहज़ीबी और समाजी विरासत के अमानतदार

मिर्ज़ा क़मरुल हसन बेग (बब्लू भाई)

को समर्पित करता हूँ

क्रम

भूमिका

अमरोहा के रहने वाले मेरे दादा इवज़ अली एक माहिर पच्चीकार थे, वो लकड़ी पर फूल-पत्तियाँ उभारते थे...मैं ये काम काग़ज़ पर करने की कोशिश करता हूँ। मेरे वालिद अब्दुल लतीफ़ 1941 ईस्वी में अमरोहा से दिल्ली आये थे, वो यूनानी दवाखानों के लिए टेबलेट मशीनें बनाते थे। मैं मशीनें तो नहीं बनाता मगर टेबलेट्स बहुत इस्तेमाल करता हूँ। मेरी वालिदा सकीना ख़ातून अलीगढ़ की रहने वाली थीं, उनका मायका मुहल्ला नई बस्ती में है...नज़दीक ही एक सिनेमा हॉल है जिसका नाम सीमा टॉकीज़ है, मैं लड़कपन में जब भी ननिहाल जाता मेरा ज़ियादा समय सीमा टॉकीज़ में गुज़रता था, आज भी मेरा ज़ियादा वक़्त सीमा के साथ गुज़रता है (मेरी पत्नी नसीम बेगम का घरेलू नाम)। अपने बड़ों से सुना है कि मेरे पूर्वज झुंझनू (राजस्थान) के राजपूत थे, अपनी कजकुलाही[1] देखता हूँ तो बुज़ुर्गों की बात पर यक़ीन आता है।

मेरी ज़िन्दगी के इब्तिदाई[2] तीस साल (1965-1995) शाहजहानाबाद (पुरानी दिल्ली) के ऐतिहासिक मुहल्ले कूचा चेलान में गुज़रे। मुझे आज भी उस घर का पता याद है, मकान नंबर 1951, गली बारादरी, ख़्वाजा मीर दर्द, दिल्ली-6...पते का आख़िरी हिस्सा शायरी से मेरा पहला परिचय था। 1700 से 1800 ई. के दरमियान गली बारादरी, सूफ़ियों का मसकन[3] थी, ख़्वाजा मीर दर्द उसी जगह रहते थे जहाँ आज ख़्वाजा नसीरुद्दीन के बेटे परवेज़ मियाँ का मकान है...मैंने ख़्वाजा नसीरुद्दीन की पत्नी से नल-चल का पहला उर्दू क़ायदा पढ़ा था...उस घर में कई कुशादा[4] कमरे थे... हर कमरे में सफ़ेद चाँदनी बिछी रहती थी... महसूस होता था जैसे सूफ़ियों की कोई मजलिस अभी-अभी बख़्रास्त हुई है... हाय ऐसी ही किसी नशिस्त में ख़्वाजा साहब ने ये शे'र पढ़ा होगा :

ज़िन्दगी है या कोई तूफ़ान है
हम तो इस जीने के हाथों मर चले

---

1 बाँकपन 2. शुरुआती 3. ठिकाना 4. बड़ा (लम्बा-चौड़ा)

अब्बू के दिल पर डॉ. इक़बाल की समाज को नैतिक मूल्यों से परिचित कराने वाली शायरी का काफ़ी गहरा असर था इसीलिए उन्होंने मेरा नाम 'इक़बाल' रखा था, उनका तीर निशाने पर बैठा...मैं डॉ. इक़बाल तो नहीं बन सका, हाँ शायर ज़रूर बन गया। अब्बू पंजवक़्ता नमाज़ी थे उनकी दुआ क़बूल हुई...ख़ैरियत गुज़री कि वो किसी सियासी रहनुमा से प्रभावित न थे। अम्मी शायरी को ग़म की मुसव्विरी[5] से परिभाषित करती थीं, फ़ानी बदायूंनी उनके पसंदीदा शायर थे। वो अक्सर मुझे अपने साथ बाज़ार चितली क़ब्र के नज़दीक खीर वाले फाटक की एक मकाननुमा दुकान में ले जाती थीं जहाँ लकड़ी के ब्लॉकों पर नीली रौशनाई लगाकर तकिये के ग़िलाफ़ों और चादरों पर फूल-पत्तियाँ और उर्दू के अशआर छापे जाते थे, जिन्हें ख़ाली वक़्त में अम्मी रंग-बिरंगे रेशम से काढ़ा करती थीं जो वो अपनी बेटियों को जहेज़ में दिया करतीं या ख़ास मौक़ों पर घर में इस्तेमाल करती थीं, इसी तअल्लुक़ से अपनी एक नज़्म 'गए दिनों की पुरानी दिल्ली' का एक शे'र याद आ रहा है :

ख़्वाब भी शायराना आते थे

शे'र तकियों पे काढ़े जाते थे

मेरे लड़कपन की पुरानी दिल्ली में न इतने ऊँचे-ऊँचे मकान थे, न इतनी भीड़ न इतना प्रदूषण...शाम ढलते ही दूर तक फैली आसमान की नीली छतरी सितारों से भर जाती...सितारे गिनने की कल्पना से ही नामुराद आशिक़ों का पसीना छूट जाता था। मेरी गली में चन्द दो तीन-मंज़िला मकान थे जिनकी छतें 15 अगस्त के दिन पतंग उड़ाने या ईद का चाँद देखने के काम आती थीं। उनतीसवें रोज़े की शाम हम बच्चों के लिए साल की सब से ख़ुशगवार शाम होती थी... सूरज ढलने से पहले पढ़ी जाने वाली नमाज़ के बाद हम सब 'भाई अमीर ख़ान' की ऊँची छत पर इकट्ठे हो जाते और आसमान के पश्चिमी क्षितिज के ज़ाफ़रानी आँचल में चाँद तलाश करते, बच्चे तो ऊधम ही मचाने में रह जाते, अक्सर कोई-न-कोई नौजवान ही आसमान की मेहंदी लगी हथेली में अपने महबूब की रुपहली चूड़ी का टुकड़ा तलाश कर लिया करता था...नए चाँद के दर्शन के बाद घर-घर जाकर बच्चे बड़ों को सलाम किया करते थे।

पुरानी दिल्ली को ख़ैरबाद कहे अर्सा गुज़रा तो क्या आज भी ज़हन के

---

5. चित्रकला

कैनवस पर उन मकानों का तसव्वुर हल्के-गहरे रंगों के दिलफ़रेब गुल-बूटे बनाता है जिनका एक दरवाज़ा गली बारादरी तो दूसरा कूचा नाहिर ख़ाँ की तरफ़ खुलता था...उन मकानों के दूर तक फैले खुले-खुले आँगन सुब्ह की शरमाई हुई धूप को सलीक़े से पाँव पसारने का मौक़ा देते और देस-बिदेस की ख़ाक छानती हवा रात रानी, बेला चमेली की शाख़ों की मुसाफ़िर-नवाज़ी से मसरूर होकर वज्द[6] में आ जाती। इन कैफ़ियतों से मुझे वुसअत[7] का दर्स[8], मुहब्बत के इस्तिआरे[9], रूमानियत का नूर और सूफ़ियाना सुरूर मिला।

शाहजहानाबाद दिलवालों की एक ऐसी बस्ती जो बसते-बसते बसी और उजड़ते-उजड़ते उजड़ी...कई नस्लें इसके उरूज[10] और ज़वाल[11] की गवाह बनीं, मेरी नस्ल उरूज का क़सीदा नहीं ज़वाल का शोकगीत लिखने की गुनहगार है...कोई बताए कि मैं रमी खेलते इन नौजवानों को कैसे बताऊँ कि तीन दशक पहले हम ताश नहीं तालीमी ताश खेलते थे, मगर पत्तों की उस कायनात में इक्के-बादशाह-बेगम की नहीं अलिफ़ से य तक की ख़ुशबू की बादशाहत थी, सामने पड़े अक्षरों में अक्षर मिलाकर लफ़्ज़ बनाये जाते थे...इमला[12] की आज़माइश होती थी...लफ़्ज़ों का सही उच्चारण न बता पाते तो हथेलियों पर संटी मारी जाती थी, ख़े, ग़ैन, क़ाफ़ जैसे अक्षरों की उम्दा अदायगी के लिए मख़रजों[13] की तालीम दी जाती थी...आज के ये सेल्फ़िबाज़ क्या जानें कि हमें अदबी शख़्सियतों को कैमरे में नहीं आँखों में क़ैद करने का हुनर सिखाया गया था और हम रस्मी नहीं बेतकल्लुफ़ मुलाक़ातों के क़ायल थे। ख़ता मुआफ़...फ़ेसबुक के आत्ममुग्ध संसार के ये क़ैदी नुक़ूश, शबख़ून, शायर, बीसवीं सदी और शमा जैसे रिसालों के इंतज़ार की लज़्ज़त क्या जानें और ये कीपैड-आशना उँगलियाँ गई रुतों की शिकस्ता किताबों के पन्ने पलटने की एहतियात से कहाँ वाक़िफ़।

तिराहा बेहराम ख़ाँ से चितली क़ब्र चौक की तरफ़ जाते हुए मुहल्ला सुई वालान में मुड़ने से ज़रा पहले दाहिने हाथ की तरफ़ सदियों की तहज़ीब का बोझ उठाये किसी बूढ़े शख़्स की तरह झुका हुआ सा एक दर दिखाई देता है जो किसी संगतराश की कारीगरी का आला नमूना है, बज़ाहिर किसी छोटे से मकान का गलियारा नज़र आने वाला ये रास्ता अन्दर जाने पर एक बड़ी हवेली

---

6. आत्म विस्मृति 7. फैलाव, विस्तार 8. पाठ 9. रूपक 10. उन्नति 11. पतन 12. अक्षर विन्यास, वर्तनी 13. उद्गम

में बदल जाता है जो शायद 1857 से पहले शम्सुद्दीन[14] जैसे किसी दिलफ़रोश[15] नवाब की मिलकियत रही होगी। इस हवेली के दाहिने हिस्से में डॉ. ओमप्रकाश ढल्ला की पत्नी शान्ति ढल्ला ने 1965 के आस-पास 'शांता नर्सरी' स्कूल क़ायम किया था, ये स्कूल तरक्क़ी की मंज़िलें तय करते-करते पांचवीं कक्षा तक पहुँचा और ज़वाल[16] की सीढ़ियाँ उतरते-उतरते 1985 में एक मर्तबा फिर नर्सरी स्कूल बना...कारण...? लाड-प्यार की वजह से देर से नर्सरी में दाख़िल होने वाले वो बच्चे पांचवीं कक्षा तक पहुँचते-पहुँचते जिनकी मसें भीगने[17] लगती थीं और वो ''जूली...आई लव यू'' कहना भी सीख जाते थे...स्कूल की तबाही का एक कारण वो अविवाहित टीचरें थीं जो बज़ाहिर शरीफ़ और मासूम नज़र आने वाले कुछ लड़कों से महबूब के पास चिट्टियां पहुँचाने वाले कबूतरों का काम लेती थीं जिसकी वजह से स्कूल का अनुशासन ख़राब हुआ...बहरहाल उस स्कूल की अधिकतर टीचरें पढ़ाने में बहुत ईमानदार थीं...पढ़ाई के साथ-साथ बच्चों में छुपी ललित कलाओं को निखारने में भी वो बड़ी महारत रखती थीं...15 अगस्त और 26 जनवरी के मौक़े पर मुझे हर साल निबंध पढ़ने की ज़िम्मेदारी दी जाती थी, कभी-कभी मैं फ़िल्मी गीत भी सुनाता था...श्रोताओं का सामना करना और उन्हें संबोधित करना मैंने उसी स्कूल में सीखा।

कहावत की हैसियत रखने वाले शे'र जमा करने की ग़रज़ से मेरे घर के ज़ियादातर लोग बयाज़[18] रखने के आदी थे, जिनके कुछ पन्ने कभी-कभी साहिब-ए-बयाज़[19] के शे'र कहने के कच्चे-पक्के अभ्यास के भी गवाह बन जाते थे...उस वक़्त तक कंप्यूटर नाम की किसी शै से अवाम वाकिफ़ न थे, किताबत का चलन था कातिबों के नाज़-नख़रे माशूक़ों से दो हाथ आगे थे। शादी-ब्याह के मौकों पर सेहरे और रुख़सती का छपना दावतनामे छपवाने की तरह लाज़िमी समझा जाता था...सेहरे कैलेंडरों पर छपते थे, रुख़सती सजे हुए आर्ट पेपर पर लिखवा कर फ्रेम कराई जाती थी। सेहरा सुनकर बाराती दाद के अलावा शायर को नज़राने भी दिया करते थे और जब रुख़सती पढ़ी जाती तो दुल्हन के रिश्तेदार दहाड़ें मार कर रो पड़ते थे।

नौशाह अली मेरे वालिदेन[20] की पहली संतान थे, ननिहाल में चल रही

---

14. फ़िरोज़पुर झिरका के नवाब 15. आशिक मिज़ाज 16. पतन 17. मूँछों का रुवां आना
18. डायरी 19. डायरी रखने वाला 20. माँ-बाप

पुताई के दौरान चूने की डली खाने की वजह से वो अल्लाह को प्यारे हो गए थे... बरसों पहले अब्बू मुझे अलीगढ़ के किसी क़ब्रिस्तान में ले गये थे और एक बड़े से पत्थर के पास ठहर कर उन्होंने ठंडी साँस ली थी फिर ज़मीन के एक खुरदुरे से हिस्से की तरफ़ इशारा करते हुए भर्रायी हुई आवाज़ में वो बस इतना ही कह पाए थे ''नौशा...''। मैं कभी-कभी सोचता हूँ गुमशुदा क़ब्र की निशानी बन चुका वो पत्थर क्या वाक़ई पत्थर था या अम्मी-अब्बू के दिल पर बैठे सदमे ने पत्थर का रूप धारण कर लिया था, मुमकिन है क़ब्र की तरह वो पत्थर भी वक़्त की गर्द में गुम हो गया हो, वैसे भी पत्थर जैसी बेजान शै की क्या औक़ात-बिसात, वक़्त आँखों की ज़रूरत बन चुके ज़िन्दगी से भरपूर चेहरों को भी तस्वीर बना देता है।

नौशाह अली के बाग़-ए-बहिश्त[21] को रवाना होने के बाद अब्बू का कार-ए-जहाँ[22] कितना दराज़[23] हुआ इसका अंदाज़ा लगाने के लिए ये जान लेना काफ़ी है कि मैं नौ भाई-बहनों में सबसे छोटा हूँ...मेरे बड़े भाई अशरफ़ अली को जुनून की हद तक मुशायरे और क़व्वालियाँ सुनने का शौक़ था, उनके पास एक रेडियो कम टेप-रिकॉर्डर था, आकाशवाणी दिल्ली का उर्दू ख़बरनामा और आजकल के हालात पर तब्सिरा, उर्दू मजलिस, हवा महल और छाया गीत उनके पसंदीदा प्रोग्राम थे, ये उन्हीं की ज़िद और मुहब्बत का नतीजा है कि मैं थोड़ा-बहुत पढ़-लिख सका वरना मेरे घर के माली हालात इस क़ाबिल न थे।

मेरे मंझले भाई इशरत अली जिनकी आवाज़ में तलत महमूद जैसी लरज़िश और बला का दर्द था ख़ालिस ग़ज़ल की शायरी के रसिया थे, कभी-कभी 'बज़्म-ए-शादी ख़ाना आबादी' में शायर के नदारद[24] होने पर वो बुजुर्गों की इजाज़त पाकर दिल पिघला देने वाले तरन्नुम से 'सेहरे' में चार-चाँद लगा दिया करते थे मगर नज़राना क़ुबूल नहीं करते थे। मेरे तीसरे भाई राशिद अली शिफ़ा बाज़ाबिता[25] शायर थे, उनका कलाम 1975 से 1982 तक गली क़ासिम जान, दिल्ली से प्रकाशित होने वाले माहाना रिसाले *रौशन-अदब* के अलावा उर्दू दैनिक *प्रताप* और *मिलाप* में छपता था। अपनी बड़ी बहन राहत बेगम की शादी मुझे याद नहीं मैं उस वक़्त बहुत छोटा था, वो अमरोहा के मुहल्ला सराए कुहना में रहती थीं, उनके शौहर अहमद सईद अपने ज़माने के नामी-गिरामी पहलवान थे। ई-टीवी उर्दू पर मुशायरे सुन कर जब लोग मेरी तारीफ़ करते तो वो फूली नहीं समाती थीं।

---

21. जन्नत का बाग़ 22. दुनिया के काम 23. लम्बा 24. ग़ैर हाज़िर 25. नियमबद्ध

1972 के आस-पास मेरी गली में कई कुशादा मकान थे जिनमें से तीन मेरी याददाश्त की शोभा हैं, सय्यद ज़ियाउल हसन (भाई पारे) का मकान, मास्टर यूसुफ़ का मकान और ख़्वाजा मीर दर्द की सूफ़ियाना क़द्रों के अमानतदार[26] ख़्वाजा नसीरुद्दीन का मकान। खुलेपन के अलावा इन तीन मकानों के तहज़ीबी रख-रखाव में बड़ी समानता पाई जाती थी, इन मकानों में बड़ी तेज़ी से फलने-फूलने वाली मधुमालिनी की बेलें थीं, जो बढ़ते-बढ़ते मुंडेरों पर चढ़ जाती थीं और कभी-कभी हवा की गुज़ारिश पर राहगीरों के इस्तक़बाल के लिए हल्के गुलाबी फूल बरसाया करती थीं, इन मकानों में माली तौर पर पिछड़े बच्चों को तालीम दी जाती और फ़ीस बाज़ार से सौदा-सुलफ़ लाने और घर के छोटे-मोटे काम कराने तक सीमित रहती। मेरी तमाम बहनों ने इन्हीं मकानों में शुरुआती तालीम हासिल की...मेरी मंझली बहन शराफ़त बेगम इहाता काले साहब गली क़ासिम जान, दिल्ली में रहती थीं, गली के शरारती बच्चों से दूर रखने के लिये वो मुझे घर-गृहस्थी के छोटे-मोटे कामों में उलझाए रखती थीं, जब किसी रिश्तेदार के यहाँ जाते तो मैं उनकी आँखों का इशारा पाकर ही नाश्ते की तरफ़ हाथ बढ़ाता और खींचता था, वो मुझे प्यार से 'सब्बू' कहती थीं...अलीगढ़ में रहने वाली ज़ुमुर्रूद बेगम मेरी बेहद स्वाभिमानी बहन हैं, कभी किसी को अपनी ज़ात से कोई तकलीफ़ नहीं पहुँचातीं...मुझे ज़रूरत से ज़ियादा लाड-प्यार की वजह से देर से स्कूल में दाख़िल कराया गया। तुर्कमान गेट मुहल्ला क़ब्रिस्तान में रहने वाली हूर बानो मेरी वो प्यारी बहन हैं जो मुझे नर्सरी से पहली क्लास तक स्कूल छोड़ने जाती थीं। वो आधी छुट्टी में मेरे लिए नाश्ता भी लेकर आती थीं। मैं कभी-कभी मचल कर कहता था, ''अरी भिन्नो मुझे भी साथ ले चल''...ये सब उस दौर की बातें हैं जब *मिलाप, प्रताप अल-जमीअत, नशेमन* और *क़ौमी आवाज़* जैसे उर्दू अख़बारों में 'बराए शेरी उनवान'[27] कोई तस्वीर छापी जाती थी, जो शायरी से दिलचस्पी रखने वालों को दावत-ए-फ़िक्र[28] दिया करती थी, कूचा चेलान में रहने वाली मेरी सबसे छोटी बहन नाहीद फ़िरदौस के मुन्तख़ब[29] किये हुए शे'रों ने कई बार अव्वल मक़ाम हासिल किया, वो शे'र भी कहती हैं उनका एक अफ़साना माहनामा *ख़ातून-ए-मशरिक़* में छप चुका है।

शाहजहाँ ने जब 1650 ई. के आस-पास शाहजहानाबाद (पुरानी दिल्ली)

---

26. रखवाला 27. शीर्षक-हेतु 28. सोचने के लिए प्रेरित करना 29. चुने हुए

नाम का फ़सीलबन्द[30] शहर बसाया था तो सौदा-सुलफ़ बेचने वालों को हुक्म दिया था कि रोज़मर्रा की ज़रूरत का सामान गृहस्थनों को दहलीज़ पर मुहय्या होना चाहिए। अवाम की जानिब से समाख़राशी[31] की शिकायत आने के बाद सौदा-फ़रोशों को नर्म आवाज़ में गाकर सामान बेचने की ताकीद की गई...पुरानी दिल्ली में गाकर फल-फूल, सब्ज़ी बेचने की रिवायत आज भी ज़िंदा है...मैंने ऐसे नग़मगी भरे माहौल में आँख खोली इसलिए मुझे मौजूदा माहौल का हिस्सा बन चुकीं सख़्त और बुलन्द आवाज़ें नागवार गुज़रती हैं।

पुरानी दिल्ली की तहज़ीबी और समाजी क़द्रों के अमानतदार जानशीन-ए-बेख़ुद उस्ताद रसा जमुना पार को फ़ॉरेन कंट्री कहा करते थे, मैं पिछले पच्चीस साल से फ़ॉरेन कंट्री में आबाद होने की कोशिश में बर्बाद हूँ, आस-पड़ोस के लोगों के रहन-सहन से बेज़ार और ज़बान से ज़ख़्मी होकर मेरे दिल से एक हूक उठती है और ज़रा सी तरमीम[32] के साथ जहाँदार शाह जहाँदार का ये ज़र्बुल-मसल[33] मिसरा ज़बां पे आता है, ''पहुंचे वहीं पे ख़ाक जहाँ का ख़मीर है।'' यहाँ मेरा हाल दश्त[34] से बिछड़े ग़ज़ाल[35] जैसा है, कोई चुम्बकीय आकर्षण मुझे पुरानी दिल्ली की तरफ़ खींचे लिए जाता है मगर मैं वहाँ जाता हूँ तो पाता हूँ कि मेरा खिला-खिला और खुला-खुला दश्त ऊँची-ऊँची इमारतों में तब्दील हो चुका है, मेरी जस्त[36] भरने की तमाम ख़्वाहिशें प्यासी की प्यासी रह जाती हैं...फिर मुझे याद आती है वो ख़स की ख़ुशबू में बसी पुरसुकून दोपहरें, वो मुल्तानी से पुती हुई चमकदार तख़्तियों पर नगीने से जड़ते हुए नन्हे हाथ, वो अक्षरों की बनावट का मुआएना करतीं बूढ़ी आँखें, वो बड़े-बड़े मटकों के ठंडे-ठंडे सोंधे-सोंधे पानी में बरकत पैदा करते क़लई चढ़े नक़्शीन कटोरे, वो बड़े-बूढ़ों का एक रोटी का त्याग कि कहीं बच्चे भूके न रह जायें और बच्चों का यूँ दस्तरख़्वान से हाथ खींच लेना कि बड़ों के बाद खाना बेअदबी है, वो जाड़ों में अंगीठी के गिर्द रहस्यमय कहानियों से दहकती रातें, वो बड़ी-बूढ़ियों की लरज़ती आवाज़ें, वो आँखें छलकाता अमीर ख़ुसरो का सुहाग 'काहे को बियाहे बिदेस।' यही शाइस्ता-ओ-शादाब[37] मगर गुमशुदा तहज़ीब वो रंगरेज़ है जो मेरी शायरी को नास्टेल्जियाई[38] रंगों में रंग देता है।

---

30. Walled City 31. कान खाना 32. परिवर्तन 33. कहावत 34. जंगल 35. हिरन 36. छलांग
37. सभ्य और हरी-भरी 38. अतीत की यादें

शांता स्कूल के बाद रामजस सीनियर सेकेंडरी स्कूल नंबर 1 दरियागंज मेरी तालीम का अगला पड़ाव था...जहाँ मैं छठी से बारहवीं कक्षा तक उस्तादों के दिल का चैन और सहपाठियों की आँखों की ठंडक बना रहा। वो मेरी ज़िन्दगी का सबसे यादगार, सबसे प्यारा और सबसे सुनहरा दौर था...मेरा ख़मीर[39] देहलवी और गंगा-जमुनी तहज़ीब ने मिलकर तय्यार किया इसका एक सबब ये भी है कि मैं शुरू से ऐसे स्कूलों में पढ़ा जो प्रेम के ढाई अक्षर जानने वालों ने क़ायम किये थे। जहाँ पढ़ने वालों को मज़हब नहीं इंसानियत की ऐनक से देखा जाता था।

उर्दू रामजस स्कूल के सिलेबस में तो शामिल न थी, हाँ अध्यापकों के आदाब-ए-गुफ़्तगू[40] का हिस्सा ज़रूर थी, कानों में घुलने वाली उस मिठास का सबब पचास से साठ साल के दरमियान की उम्र वाले वो टीचर थे जिन्होंने आज़ादी से पहले बाक़ायदा तौर पर न सिर्फ़ उर्दू पढ़ी थी बल्कि फ़ारसी की ज़ुल्फ़-ए-अम्बरीं[41] की असीरी[42] के भी मज़े लूटे थे...ग्यारहवीं-बारहवीं क्लास को मैथ्स पढ़ाने वाले उपेन्द्र शर्मा जी की शख़्सियत पर हिन्दी फ़िल्मों के अदाकार अजीत की खलनायकी का बड़ा गहरा असर था, वो पूरे स्कूल में बॉस के नाम से मशहूर बल्कि बदनाम थे, छुट्टी करने वाले विद्यार्थियों से उन्हें ख़ुदाई बैर था, बीमारी की आड़ में 'अवकाश प्राप्त' कर चुके ऐसे मुजरिमों को डेस्क के कठघरे में खड़ा कर दिया जाता था और फिर शुरू होता था अवकाश-हरण के नाम पर चरित्र-हरण... एक बार मुझे भी बॉस से हमकलामी[43] का शरफ़[44] हासिल हुआ था... Lion के से नर्म लहजे में मुझसे पूछ गया था, ''कल की ग़ैर हाज़िरी का सबब?'' ''...जी बीमार था।'' बॉस का डायलॉग मुझे आज भी याद है ''तबीअते-दुश्मनां नासाज़ बूद।''[45]

ये वो दौर था जब मैं फ़िल्मी गीतों की धुनों पर अपने बोल लिख कर दोस्तों से दाद वसूल करता था, कभी-कभी मैं फ़र्ज़ी नामों से अपनी नाबालिग़ ग़ज़लों के शे'र भी सुनाता था, दाद मिली तो ठीक वरना रुसवाई शे'रों के इंतख़ाब तक सीमित रहती थी। आँखों की मुख़बिरी[46] कहिये या किसी दोस्त की शरारत कि मेरी उन तुकबंदियों की उड़ती हुई ख़बर स्कूल के म्युज़िक टीचर रवि शंकर शर्मा तक पहुँची...एक दिन उन्होंने मुझे याद फ़रमाया, उन दिनों वो सत्ताईस

---

39. मिज़ाज (व्यक्तित्व) 40. बातचीत का सलीक़ा 41. महकी हुई ज़ुल्फ़ (भाषा की कोमलता) 42. क़ैद 43. बातचीत 44. सौभाग्य 45. दुश्मनों की तबीअत ख़राब थी 46. जासूसी

रामजस स्कूलों के वार्षिक सम्मेलन में प्रस्तुति के लिए एक क़व्वाली पर काम कर रहे थे जो एक हिन्दी पढ़ाने वाले अध्यापक से लिखवाई गई थी, तर्ज़ भी उम्दा बनी थी मगर बात बन नहीं रही थी, रवि शंकर जी क़व्वाली में और मधुरता पैदा करने के लिए कुछ बंदिशों का इज़ाफ़ा करना चाहते थे जिसकी धुन डमी के ज़रिये बच्चों को सुनाई जा रही थी। मगर सवाल ये था कि डमी को शब्द कौन देगा क्योंकि क़व्वाली लिखने वाले महोदय गाँव जा चुके थे...मुझे उनका रिक्त स्थान भरने के लिए बुलाया गया था...बंदिशों की धुन मेरे ज़हन में समा चुकी थी, डॉ. बशीर बद्र का ये शे'र मेरी उस क़ैफियत को बयान करता है :

ज़हन में तितलियाँ उड़ रही हैं बहुत
कोई धागा नहीं बाँधने के लिए

मैं शाम से ज़रा पहले शांति वन के घने पेड़ों की छांव में जा बैठा, काफ़ी देर तक कुछ लिखा गया कुछ मिटाया गया... उधर सूरज डूब रहा था और इधर कागज़ के उफ़ुक़[47] पर चाँद जैसे कुछ मिसरे तुलू[48] हो रहे थे, आख़िरकार एक बड़े सियासी रहनुमा पंडित जवाहर लाल नेहरू की समाधि की आग़ोश में दो घंटे चलने वाले शायरी के उस चुनाव में मैंने चार मुक्तों से जीत हासिल की...। सम्मेलन में क़व्वाली बहुत पसंद की गई, हमारे स्कूल को तीसरा मक़ाम हासिल हुआ। 1981 से 1984 तक जे.डी. डबास हमारे प्रिंसिपल थे जिनकी रहनुमाई में रामजस वाक़ई ज़ोन का नंबर एक स्कूल बन गया था। तत्कालीन प्रधानमंत्री इंदिरा गाँधी के क़त्ल से एक दिन पहले डबास साहब के रिटायरमेंट पर स्कूल प्रशासन की जानिब से एक अलविदाई नशिस्त की गई, उस मौक़े पर मैंने एक दर्दभरी नज़्म पढ़ी। कव्वाली की बंदिशों के बाद मेरी लिखी हुई वो दूसरी रचना थी।

बचपन और जवानी के बीच के ये चन्द साल बड़े ख़तरनाक होते हैं, जागी हुई आँखें रोज़ एक नया ख़्वाब देखती हैं, नया-नया सा ज़हन सोचे-समझे रास्तों का अनुकरण करने को तैयार नहीं होता, 1979 से 1983 के दरमियान मेरा ज़हन भी कई दिशाओं में बँटा हुआ था। स्कूल के पी.टी.आई. नित्यानंद शर्मा मुझे एक ऑलराउंडर की हैसियत से कूच बिहार ट्रॉफ़ी में खेलते हुए देखना चाहते थे, मेरे घरवालों की ख़्वाहिश थी कि मैं चार्टर्ड अकाउंटेंट बनूँ और मैं शायरी में इतना रच-बस चुका था कि उर्दू के अलावा कुछ और पढ़ना नहीं चाहता था...काफ़ी

---

47. क्षितिज 48. उभरना

दिन असमंजस में गुज़रे, आख़िरकार ज़हन हारा और दिल जीता, मैं कॉमर्स का वो स्टूडेंट साबित हुआ जिसने अपनी बैलेंस शीट में आमद और ख़र्च नहीं दोनों तरफ़ 'उर्दू' लिखा था, मैंने बारहवीं के इम्तिहान में अतिरिक्त सब्जेक्ट के तौर पर उर्दू का पेपर दिया था जिसकी बदौलत ज़ाकिर हुसैन ईवनिंग कॉलेज में मुझे उर्दू ऑनर्स में दाख़िला मिला...मगर अफ़सोस कि ग़रीबी की कोख से जन्मी घरेलू असहमतियों और उर्दू शिक्षकों के हौसला तोड़ने वाले व्यवहार से पैदा हुए ज़हनी बिखराव की वजह से मैं पहले साल के बाद तालीमी सिलसिला जारी न रख सका।

1983 में मेरी मुलाक़ात शहबाज़ नदीम ज़ियाई से हुई जिन्होंने मुझे 'अशहर' तख़ल्लुस दिया और मेरी शुरुआती दो ग़ज़लों की इस्लाह की, दो महीने बाद वो नौकरी के सिलसिले में सऊदी अरब चले गए। ये मुनासिब मौक़ा है कि मैं यहाँ रऊफ़ रज़ा के काव्य संग्रह *ये शायरी है* में शामिल अपने लेख का एक हिस्सा नक़्ल करूँ...रऊफ़ रज़ा से मेरी पहली मुलाक़ात् 1983 में हुई। उन दिनों वो जामा मस्जिद के पास मशहूर-ए-ज़माना करीम होटल से सटे हुए सुलेमान टी-स्टाल में बैठा करते थे, पुरानी दिल्ली के अलग-अलग इलाक़ों में रहने वाले शायरों की ये बेतकल्लुफ़ महफ़िल हर रात नौ बजे के आस-पास सजती थी और बारह बजते ही दबिस्तान-ए-दिल्ली[49] के अहम उस्ताद हैदर देहलवी के भांजे और शागिर्द क़ैसर हैदरी अपनी सदरी की जेब से तिलाई[50] ज़ंजीर से बँधी हुई घड़ी निकाल कर वक़्त देखा करते थे, ये महफ़िल बख़ार्स्त होने का एक मुहज़्ज़ब[51] इशारा होता था। फ़सीलबन्द शहर में अपने ख़ास पहनावे के लिए मशहूर शायर-ए-ख़ुशनिज़ाम मख़्दूमज़ादा मुख्तार उस्मानी उस महफ़िल में संचालक और पब्लिक रिलेशन ऑफ़िसर का किरदार निहायत ख़ूबी से निभाया करते थे। मेरे और रऊफ़ रज़ा के अलावा उस महफ़िल में सलीम शीराज़ी, मुनीर हमदम, तालिब रामपुरी, ज़फ़र ताबिश, मुहम्मद अय्यूब और तस्लीम दानिश रोज़ाना शरीक होते थे। नुसरत ग्वालियारी, वक़ार मानवी, अनवर बारी, सालेहीन फ़हमी, डॉ. एम.आर. क़ासमी, राशिद कमाल गंगोही, साहिल हमदानी, मुशीर सम्भली, तल्हा ताबिश, हबीब आसिम और इक़बाल फ़िरदौसी महीने में एक या दो बार तशरीफ़ लाते थे। हिन्दुस्तान और पाकिस्तान के कई नामवर

---

49. शायरी का देहलवी स्कूल 50. सोने की 51. सभ्य

शायरों से मेरी पहली मुलाक़ात उसी चाय ख़ाने में हुई, चंद नाम आज भी यादों के आसमान पर सितारों की तरह चमक रहे हैं...प्रोफ़ेसर मालिकज़ादा मंज़ूर अहमद, उम्मीद फ़ाज़ली, जमीलुद्दीन आली, गुलज़ार देहलवी, मुनव्वर राणा, नाज़िम अंसारी, राही शहाबी, डॉ. साग़र आज़मी, मंज़र भोपाली, रईस अंसारी और हिलाल स्योहारवी...यूँ तो उस महफ़िल में रोज़ ही शायरी के हवाले से कोई-न-कोई ज़िक्र होता था मगर जब तारिक़ सईद मुंबई से आते और किराये पर कमरा लेकर दिल्ली के किसी कोने में जम जाते तो साहित्यिक तर्क-वितर्क और समीक्षाएँ शिद्दत इख़्तियार कर लेती थीं। यह सच है कि इन सुहबतों ने मुझे कभी उस्ताद की कमी महसूस नहीं होने दी।

रात के बारह बजे के बाद रऊफ़ रज़ा, मुनीर हमदम, ज़फ़र ताबिश और मेरे अलावा सुलेमान टी-स्टाल के सब साथी अपने-अपने आशियानों[52] की तरफ़ रवाना हो जाते। हम चारों यार जामा मस्जिद के पश्चिमी दरवाज़े के सामने खुले आसमान तले रात भर चलने वाले एक टी-स्टाल में जमा हो जाते जहाँ फ़िल्मी मैगज़ीन *रूबी* के एडिटर अफ़सर जमशेद सुब्हानी कभी न रिलीज़ होने वाली फ़िल्मों के कहानीकार रियाज़ सिद्दीक़ी और छोटे बजट की फ़िल्मों के डिस्ट्रीब्यूटर महबूब अली के साथ रात गए तक बैठा करते थे। अफ़सर साहब अमलियात[53] की गहरी मालूमात रखते थे, इसलिए पत्रकारिता और शायरी के अलावा उस महफ़िल में अक्सर जिन्न-भूतों का भी ज़िक्र होता था। कभी-कभी वो हाजी होटल पर साया किये हुए बरगद की तरफ़ इशारा करके कहते थे, ''पूरे पेड़ पर जिन्न लदे पड़े हैं।'' और कभी सामने पड़ी ख़ाली कुर्सी पर बैठने के लिए मना करते, सबब पूछने पर फ़रमाते, ''यहाँ पहले से एक साहब बैठे हैं।'' वो कूचा चेलान में मस्जिद मुफ़्ती किफ़ायतुल्लाह के सामने एक लम्बी और अंधेरी सुरंगनुमा गली में रहते थे। एक बार मुझे रस्ते में मिले। मैं बिलकुल अकेला था। मुझे देखते ही बोले, ''ये किसे साथ लिए फिर रहे हो ?'' अफ़सर साहब अक्सर हमसे तरक़्क़ी पसंद और आधुनिक शायरी की ख़ूबियों और ख़राबियों पर तबादिला-ए-ख़याल[54] करते थे।

फ़ासला मुहब्बत भरे दिलों को और नज़दीक ले आता है, दूरियाँ आँखों की ठंडक तो छीन सकती हैं दोस्ती की गहराई नहीं...सईद अहमद, भास्कर पराशर,

---

52. घोंसला (घर) 53. भूत-प्रेत उतारने की विद्या 54. विचारों का आदान-प्रदान

अजय श्रीवास्तव, जोगिन्दर सोलंकी, गुरुचरण सिंह, संजीव अग्रवाल, गुरविन्दर सिंह छाबड़ा और विनोद सैनी स्कूल के ज़माने के वो दिलनवाज़ दोस्त, जिनसे मुलाक़ात हुए ज़माना गुज़रा मगर तअल्लुक़ में आज भी वही हरारत,[55] वही शिद्दत है कि जो थी...सईद अहमद मेरे शे'रों का पहला सामे[56]...घंटा मस्जिद के साए तले क्रिसेंट पब्लिक स्कूल में पढ़ने वाला एक ख़ुशलिबास ख़ूबसूरत नौजवान...आवाज़ मुहम्मद रफ़ी जैसी, अंदाज़ शम्मी कपूर जैसे...हम दोनों रात के खाने से फ़ारिग़ होकर अंसारी रोड की सुनसान सड़कों पर घूमा करते, कभी हिन्दी पार्क में जा बैठते, कभी बच्चों के घर की तरफ़ निकल जाते, कभी रात रानी की महक हमारा पीछा करती, कभी हम उसका...हमारी आवारागर्दी दरियागंज की सब्ज़ी मंडी में आलुओं के बड़े से गोदाम की छत पर बने उस ख़ुफ़िया चायख़ाने में जाकर ख़त्म होती जो ज़ियादा दूध की देर तक औटी हुई चाय पीने वालों के लिए नेमतकदा[57] था।

ग्यारहवीं और बारहवीं कक्षा के दौरान घर के उल्टे तवे पर बने हुए तीन बड़े-बड़े लच्छेदार परांठे स्कूल ले जाना मेरा मामूल[58] बन गया था। ये परांठे हम चार यार भास्कर पराशर, अजय श्रीवास्तव, गुरविंदर सिंह छाबड़ा और मैं साथ बैठकर खाते, कोई अपने घर से सब्ज़ी लाता कोई अचार कोई फल...खाने के बाद सेवक राम की कैंटीन में चाय पी जाती 'दो बटा चार'। मैथ्स को एडिशनल सब्जेक्ट मान लेना हम चारों की दोस्ती का कारण बना...हमें मैथ्स के पीरियड में क्लास रूम में बैठने की इजाज़त नहीं थी...हम चारों स्कूल की छत पर जा बैठते... फिर शुरू होता शे'र-ओ-शायरी का दौर, कभी-कभी वहाँ रूमानी शायरी पसन्द करने वाले योगेश माथुर और कफ़ील अहमद सिद्दीक़ी भी आ जाते, धीरे-धीरे ये ख़बर पूरे स्कूल में फैल गई...छत पर रोज़ एक छोटा-सा मुशायरा होने लगा, कोई शे'र सुनाता कोई गीत...हाय क्या दौर था! हम चाहते थे धीरे-धीरे गुज़रे मगर ज़ालिम पंख लगाकर उड़ गया...अच्छा हुआ कि जाते-जाते एक क़ीमती शै हमारे पास छोड़ गया, ''हिन्दुस्तानियत की ख़ूबसूरत परिभाषा।''

1978 से 1998 ई. के दरमियान मैंने साहित्य कला परिषद, अंजुमन तरक्क़ी उर्दू हिन्द, ग़ालिब इंस्टिट्यूट, डी.सी.एम. (दिल्ली क्लॉथ मिल), अंजुमन उरूज-ए-अदब, दिल्ली उर्दू अकादेमी, आलमी उर्दू कॉन्फ्रेंस, यंग रायटर्स फ़ोरम और

---

55. गरमाहट 56. श्रोता 57. लज़ीज़ चीज़ों का भंडार 58. नियम

इंडियन कल्चरल सोसाइटी के ज़ेर-ए-एहतमाम[59] आयोजित होने वाले तक़रीबन सौ मुशायरों में श्रोता की हैसियत से शिरकत की, 1985 में टाउन हॉल चाँदनी चौक, दिल्ली में मीर तक़ी मीर कल्चरल सोसाइटी के बैनर तले क़ैसर हैदरी के संयोजन में आरास्ता हुए मुशायरे में मुझे पहली बार अपना कलाम सुनाने का मौक़ा मिला। 1986 से 1994 तक मैं डिज़ाइनिंग के काम से वाबस्ता रहा। इस दौरान मुशायरों में मेरी शिरकत दिल्ली-मेरठ-ग़ाज़ियाबाद तक सीमित रही। 1995 में दिल्ली उर्दू अकादेमी के सचिव ज़ुबैर रिज़वी के निमंत्रण पर मैंने डॉ. शहरयार की मौजूदगी और अली सरदार जाफ़री की सदारत में मुशायरा-ए-जश्न-ए-आज़ादी पढ़ा। साहिबे-सद्र ने एक शे'र दोबारा पढ़ने का हुक्म दिया जिसकी गूंज कई दिन तक दिल्ली के उर्दू दायरों में सुनाई दी :

तिरे ख़्याल से रौशन है मेरी तन्हाई

कहाँ चराग़ जला है कहाँ उजाला है

1970 से 1985 ई. तक दिल्ली के लगभग तमाम उर्दू संस्थानों पर सियासी रुसूख़ रखने वाले कुछ ऐसे क़द्दावर लोगों का प्रभुत्व रहा, जिनका उर्दू नवाज़ी में तो कुछ ख़ास मक़ाम न था, हाँ शायर-नवाज़ी में दूर-दूर तक उनका कोई हम-रुतबा न था, ख़ुशामद-पसंदी ने उनकी इंसाफ़-पसंदी को दीमक की तरह चाट लिया था। नतीजतन मुशायरों में अच्छे शायरों के साथ-साथ थाली के उन बैंगनों को भी बार-बार बुलाया जाने लगा जो उर्दू संस्थानों के उन अवैध मालिकों के क़सीदे पढ़ते थे। 1986 की शुरुआत में दिल्ली के उर्दू दायरों में उस 'इजारादारी'[60] के ख़िलाफ़ कुछ आवाज़ें उभरने लगी थीं...अख़बारों में छपने वाली चिट्ठियों को दिलचस्पी से पढ़ा जाने लगा था, नई नस्ल की 'चश्म-ए-गिरयानाक'[61] से उठने वाले उस सैलाब को दबाने के लिए 1989 में अदबी शोषण के शिकार शायरों के विकास के लिए उर्दू अकादेमी दिल्ली की जानिब से एक मुशायरा शुरू किया गया जिसका उन्वान था 'उभरते फ़नकारों का मुशायरा।' एक ख़ास ग्रुप के एकाधिकार के ख़िलाफ़ चले उस आन्दोलन ने कुछ नए लिखने वालों के अदबी सफ़र के लिए रास्ते आसान किये...1998 में मख़मूर सईदी के निमंत्रण पर प्रोफ़ेसर गोपीचंद नारंग की सदारत में मेरा लाल क़िले का मुशायरा पढ़ना उर्दू-दाँ तबक़े की किसी हद तक बदली हुई सोच का नतीजा था।

---

59. तत्वावधान में 60. एकाधिकार 61. रोने वाली आँख

1997 से 2003 ई. तक मैं शेरी नशिस्तों के आयोजन में बहुत मसरूफ़ रहा, इस दौरान मैंने तशकील ग्रुप ऑफ़ इंडिया, अंजुमन वक़्क़ार-ए-सुख़न और एवान-ए-अदब नाम की अदबी तंज़ीमों के बैनर तले पुरानी दिल्ली, जाफ़राबाद, चौहान बांगर और बस्ती हज़रत निज़ामुद्दीन में आला पैमाने पर मेयारी[62] शेरी महफ़िलें आरास्ता कीं। 2000 ई. से 2007 तक मैं नोएडा से प्रकाशित होने वाली अदबी मैगज़ीन *ल.फ़्ज़* का सह-संपादक रहा, इस दौरान *ल.फ़्ज़* के संपादक विनय कृष्ण तुफ़ैल चतुर्वेदी ने नई दिल्ली और नोएडा में कई यादगार अदबी मुशायरे आयोजित किये, उन शेरी महफ़िलों में मिली नुमायाँ कामयाबी की वजह से भी मेरा नाम बहुत से कुल हिन्द मुशायरों की फ़ेहरिस्त का हिस्सा बना।

1978 से 2000 ई. के दरमियान दिल्ली में आयोजित हुए मुशायरे कई एतबार से आज के मुशायरों से मुख़्तलिफ़ थे...तालियाँ सिर्फ़ अच्छे शायरों की आमद और बुरे शायरों की वापसी पर ही बजाई जाती थीं (जिसे मैं जश्न-ए-निजात[63] कहा करता था) अच्छे शे'रों पर आह और वाह की सदाएँ बुलन्द होती थीं... मुशायरा पढ़ना पर.फ़ोर्मिंग आर्ट की श्रेणी में शामिल न था, ख़ुमार बाराबंकवी, कैफ़ भोपाली, प्रोफ़ेसर वसीम बरेलवी, डॉ. बशीर बद्र, डॉ. राहत इंदौरी, मुनव्वर राणा और कृष्ण बिहारी नूर जैसे अच्छा पढ़ने वाले उम्दा शायरों के साथ-साथ क़तील शिफ़ाई और डॉ. शहरयार जैसे बुरा पढ़ने वाले उम्दा शायरों को भी पूरे एहतराम से सुना जाता था...शायरों का तआरुफ़ मुख़्तसर और सटीक अल्फ़ाज़ में कराया जाता था...कलाम सुनाने के दौरान शोरा ग़ैर जरूरी गुफ़्तगू नहीं करते थे।

1990 से 2000 ई. के दरमियान कुछ ख़ास मुशायरों में ऑल इंडिया रेडियो की उर्दू सर्विस के असिस्टेंट डायरेक्टर मुहम्मद अली मौज रामपुरी ने मुझे बड़ी मुशिफ़्क़ाना[64] तवज्जो के साथ सुना, शायरों में 'मियां' के नाम से मक़बूल मौज साहब के लहज़े में मन मोह लेने वाली अपनाइयत और आवाज़ में तिलिस्मी खनक और बंजारापन था...वो शायरी में इशारियत[65] मगर दोस्ताना महफ़िलों में ज़रीफ़ाना[66] साफ़गोई के क़ायल थे। मौज साहब ने मुझे कानपुर, परभनी, लुधियाना के कुल हिन्द मुशायरों के अलावा 2003 ई. में भाई ज़िकरुर्रहमान और हिफ़्ज़ुर्रहमान आज़मी के संयोजन में रियाद और जद्दा में आयोजित हुए इंडियन एम्बैसी के आलमी मुशायरों में भी आमंत्रित कराया। मैं यहाँ खुले दिल से ये

---

62. स्तरीय 63. छुटकारा 64. स्नेहपूर्ण 65. प्रतीकात्मक भाषा 66. व्यंग्यात्मक

एतराफ़[67] करता हूँ कि जिन दोस्तों ने मुझसे मुशायरे पढ़ने का इसरार[68] किया उनमें मुहम्मद याक़ूब (चश्मे वाले) और जमाल अमरोहवी का नाम सबसे ऊपर है।

जीवन की रेल वक़्त की पटरी पर तेज़ी से दौड़ती रहती है और यादें खिड़की से नज़र आने वाले दरख़्तों की तरह स्थिर खड़ी रहती हैं मगर मंज़र से ओझल नहीं होतीं, आँखें बन्द कर लीजे तो यादों के शजर और भी ज़ियादा घने और शादाब होते जाते हैं...हर बात कल की सी बात लगती है.. बात 24 जनवरी 2001 ई. की है मगर यादों के मुहाफ़िज़ ज़हन के लिए 18 साल पीछे जाना कौन-सी बड़ी बात है...याददाश्त की स्क्रीन पर धीरे-धीरे दिल्ली से यू.पी. जाती हुई एक वैन उभर रही है जिसमें बेकल उत्साही, प्रोफ़ेसर वसीम बरेलवी, मौज रामपुरी, रईस रामपुरी और ताहिर फ़राज़ अगली सीटों पर विराजमान हैं, मैं और साग़र ख़्य्यामी सिग्रेट पीने की लत की वजह से वैन के पिछले हिस्से में बैठे हैं, जहाँ दो छोटी-छोटी खिड़कियाँ चिमनी का काम कर रही हैं, बाहर हड्डियाँ गला देने वाली ठंड है, मौसम हम दोनों से ज़ियादा सिग्रेटें पी रहा है, शाम धुआं-धुआं है... ये क़ाफ़िला लॉस वैगास से तशरीफ़ लाये हुए अदब-दोस्त और शायर-नवाज़ ख़ालिद हसन खाँ नय्यर के वतन हसनपुर की जानिब रवाँ-दवाँ[69] है, जहाँ आज शाम मुहल्ला चमन के दीवानख़ाने में एक मुशायरा होगा जिसकी निज़ामत मंसूर उस्मानी फरमाएंगे...वैन में 'रज़िया सुल्तान' फ़िल्म के नग़मे गूंज रहे हैं, कमाल अमरोही के म्यूज़िक सेंस की तारीफ़ की जा रही है, हम लोग हापुड़ क्रॉस कर चुके हैं, बाबूगढ़ में कुल्हड़ वाली चाय पीने का इरादा है, अचानक मेरी मुहब्बत और जुअत-ए-इज़हार[70] से लबरेज़[71] मौज साहब, प्रोफ़ेसर वसीम बरेलवी से मुशायरों में मेरी सरपरस्ती की दरख़ास्त कर बैठे हैं, वसीम साहब को ग़ौर फ़रमाता देखकर साग़र साहब का सवालिया जुम्ला ख़ामोशी तोड़ता है, ''अमां उन से भी तो पूछ लीजे जिनके हाथों में इक़बाल मियां का हाथ दे रहे हैं।''... वसीम साहब के जवाब ने मेरी आँखें नम कर दी हैं, ''मियाँ इन जैसे नौजवानों को सुनने के लिए तो कान तरसते हैं''...ये स्वीकार करते हुए गर्व महसूस होता है कि प्रोफ़ेसर वसीम बरेलवी ने मुझे हमेशा अपनी औलाद का सा दर्जा दिया है और मुशायरों की बेहद स्वार्थी दुनिया में क़दम-क़दम पर मेरी सरपरस्ती की है, ये भी उनके बड़प्पन की एक अछूती मिसाल है कि उन्होंने मेरी शायरी की

---

67. स्वीकार करना 68. आग्रह 69. अग्रसर 70. अभिव्यक्ति का हौसला 71. परिपूर्ण

कायनात में कभी हस्तक्षेप नहीं किया, अलबत्ता मुशायरे की अदबी ज़िम्मेदारी से मुझे कभी ग़ाफ़िल[72] नहीं होने दिया।

आज पीछे मुड़कर देखता हूँ तो वो मुसाफ़िर-नवाज़ शजर बहुत याद आते हैं जिन्होंने हाथ हिला-हिला कर मुझे रास्ते दिखाए और मेरे पाँव के छालों को मरहम बख़्शा। मुशायरों के अलावा दोस्ताना महफ़िलों में भी मरहूम साग़र ख़य्यामी लोगों को हँसाया गुदगुदाया करते थे मगर मेरे लिये ख़ुदा ने उन्हें उर्दू का एक चलता-फिरता संजीदा[73] इदारा बनाकर भेजा था, रेल की लम्बी-लम्बी यात्राओं के दौरान वो मुझे ग़ज़ल और मरसिये की बारीकियाँ समझाया करते थे। प्रोफ़ेसर मलिकज़ादा मंज़ूर अहमद, अनवर जलालपुरी, मैराज फ़ैज़ाबादी और शायर जमाली मेरे वो मुहसिन जिन्होंने मुझे गीतों की बंद गली से निकलकर ग़ज़ल के असीमित संसार में आने का मशवरा दिया। प्रसिद्ध त्रैमासिक उर्दू-पत्रिका *ज़हन-ए-जदीद* के संपादक मरहूम ज़ुबैर रिज़वी का ये सुझाव मेरे अदबी सफ़र में अज़ीम रहनुमा साबित हुआ। ''तक़ाबुली मुताला[74] करो...ग़ौर करो क्या कहा जा चुका, क्या कहा जा रहा है और क्या कहा जा सकता है।'' ख़ुदा रहती दुनिया तक इन तमाम हज़रात के नाम और काम ज़िन्दा रक्खे।

ख़ुशनसीबी है कि 1998 से 2010 ई. तक मैंने डॉ. बशीर बद्र की मौजूदगी में बहुत से मुशायरे पढ़े, मुख़्तलिफ़ शहरों में हुईं इन मुलाक़ातों में डॉ. साहब ने मुझे कई अच्छी बातें सिखाईं, उनके कुछ जुमले आज भी मेरे दिल पर लिखे हैं, ''हिन्दू बनकर न मुसलमान बनकर शे'र कहना इंसान बनकर'', ''तंज़[75] एहसास-ए-कमतरी[76] की कमीनगी का दूसरा नाम है'' उत्तर प्रदेश में होने वाले मुशायरों में स्टेज पर शायरों से अधिक तादाद सियासी रुसूख़ रखने वाले लोगों की होती है, मैं 2001 में किरतपुर के एक ऐसे ही मुशायरे में स्टेज के पास परेशान खड़ा था कि अचानक डॉ. राहत इन्दौरी की नज़र मुझ पर पड़ी, मुशायरा कन्वीनर से कहा हुआ उनका जुमला आज भी मेरे कानों में गूंजता है, ''अगर दो मिनट में मेरे छोटे भाई को स्टेज पर बैठने की जगह नहीं मिली तो मैं मुशायरा छोड़ कर चला जाऊंगा।'' डॉ. साहब की नवाज़िशें यहीं ख़त्म नहीं हुईं, उन्होंने कुछ साल बाद त्रिवेणी महोत्सव, इलाहाबाद में मेरे एक शे'र से मसरूर होकर मुझे फूल-माला पहनाई और मेरी पेशानी का बोसा लिया और एक ही महीने बाद छतरपुर मध्य

---

72. बेख़बर 73. गंभीर 74. तुलनात्मक अध्ययन 75. कटाक्ष, उपहास 76. हीन भावना

प्रदेश में मेरे एक शे'र पर अपनी पसंदीदगी की मुहर लगाते हुए मुझे दोशाला पेश किया।...राहत भाई सारी रात बड़े ख़ुलूस से मुशायरा सुनते हैं, अगर उन्हें कोई शे'र अच्छा लगता है तो वो कलाम सुनाते वक़्त शायर का नाम लेकर उस शे'र की तारीफ़ करते हैं, ऐसा विशाल हृदय हमारे दौर के बहुत कम शायरों को नसीब हुआ। सय्यद परवेज़ जाफ़री, डॉ. अब्दुल्लाह अब्दुल्लाह, अज़ीज़ दोस्त मंज़र भोपाली, सय्यद मशकूर अली, सलीम मुहियुद्दीन, अना देहलवी और *दैनिक जागरण* के वरिष्ठ पत्रकार राजन शर्मा भी मेरे शुभचिन्तकों में शामिल हैं। मैं इन तमाम हज़रात की रचनात्मक और नैतिक अज़्मतों को सलाम करता हूँ।

मुनव्वर राणा से मेरी पहली मुलाक़ात 1988 में हुई थी। वो कभी किसी अदबी या कारोबारी मसरूफ़ियत के सबब दिल्ली आते तो करीम या जवाहर होटल में रात का खाना खाने के बाद सीधे सुलेमान टी स्टॉल आ जाते। उन दिनों खद्दर का कुर्ता पाजामा उनका पसंदीदा लिबास था। चायख़ाने में आते ही वो हम सबके लिए स्पेशल चाय मंगाते और विल्स नेवी कट की सिग्रेट पेश करते फिर रफ़्ता-रफ़्ता ज़िन्दा दिल लोगों की वो बेतकल्लुफ़ महफ़िल शेरी-नशिस्त में तब्दील हो जाती। वो निहायत कुशादा दिली से[77] तमाम शायरों को सुनते थे लेकिन जब उन्हें दावत-ए-सुख़न दी जाती तो फ़रमाते, ''आप लोगों को शे'र सुनाते हुए महसूस होता है जैसे कोई बुज़दिल अपनी बहादुरी के क़िस्से सुना रहा हो।'' हमारी हौसला अफ़ज़ाई के लिए कहे हुए ये अल्फ़ाज़ उनकी फ़नकार-नवाज़ी का सुबूत हैं। ख़ुदा उन्हें सलामत रखे।

सरज़मीन-ए-शिबली आज़मगढ़ से निस्बत[78] रखने वाली दिल्ली की क़दावर शख़्सियत मरहूम मिर्ज़ा फ़रीदुल हसन बेग की समाजी, तहज़ीबी और इल्मी विरासत के अमानतदार[79] मिर्ज़ा क़मरुल हसन बेग (बब्लू भाई) के अज़ीम एहसानों के सामने मुझे अपने लफ़्ज़ बौने नज़र आते हैं। ख़ुदा इस घराने को अशहर-नवाज़ी का बेहतरीन सिला अता फ़रमाए।

मेरे तजरुबे के मुताबिक़ शायरी के अध्ययन से दिलचस्पी रखने वाले नए ज़हन के लोग पहले अपने दौर की लोकप्रिय आवाज़ों की तरफ़ आकर्षित होते हैं और ज़हनी पुख़्तगी[80] हासिल होने के बाद पुराने शायरों की कलात्मक ऊँचाइयों से भी प्रभावित होते जाते हैं। शे'रगोई के शुरुआती दौर में ग़ज़ल के पारंपरिक विषय

---

77. खुले मन से 78. सम्बन्ध 79. रखवाला 80. परिपक्वता

मेरी शायरी का हिस्सा थे। एक शेरी नशिस्त के बाद कुछ नए ज़हन के शायरों ने मुझे जदीद[81] शायरी से जुड़ने का मशवरा दिया और इस रुझान को परवान चढ़ाने के लिए कुछ किताबों के पढ़ने पर भी ज़ोर दिया, नतीजतन मैं नए और चौंका देने वाले अंदाज़ के शे'र कहने की कोशिश करने लगा। मुख़्तलिफ़ चायख़ानों में बैठने वाले पुरानी दिल्ली के बुज़ुर्ग शोरा मेरे बदले हुए अंदाज़-ए-सुख़न से ख़ासे नाराज़ थे, उनमें से कुछ का ये ख़याल था कि मेरी शायरी की शानदार उठान से जलकर मुझे गुमराह किया जा रहा है, एक उस्ताद शायर ने तो यहाँ तक कह दिया, ''मियां इन जदीदियों के पास कंकर, पत्थर, आईना, सितारा, जुगनू के अलावा कुछ नहीं, देख लेना ये शायरी एक दिन कूड़ेदान में फेंक दी जाएगी।'' आधुनिक शायरों को जब मैं पारंपरिक शायरों के ख़यालात से अवगत कराता तो वो क़हक़हे लगाते और मुझसे कहते, ''सड़ांद उठने लगी है इन बुड्ढों की शायरी से।'' नए और पुराने की उस खींचतान ने मेरी शेरी उड़ान को कई बरस तक मुल्तवी[82] रक्खा...बहरहाल दुनिया अपना काम करती है और क़ुदरत अपना। ख़ुदा ने थोड़ी बहुत शोहरत मेरे नसीब में लिख दी थी, कहते हैं ख़ुदा से अच्छा न कोई मुसव्विर[83] है न बाग़बान...ख़ाके भी वही बनाता है रंग भी वही भरता है...पौधे भी वही उगाता है आबयारी[84] भी वही करता है। नए और पुराने के झगड़े ने मुझे क़लमदान से दूर कर दिया मगर ये कशमकश[85] मुझे किताबों के नज़दीक ले गई, उसी दौरान मेरी अंधेरी दुनिया के वीरान आसमान पर कुछ सितारे चमके... शकेब जलाली, नासिर काज़मी, बशीर बद्र, मख़्दूम मुहियुद्दीन, निदा फ़ाज़ली, इफ़्तिख़ार आरिफ़, इरफ़ान सिद्दिक़ी, परवीन शाकिर और मनचंदा बानी... इन सितारों की सतरंगी रौशनियाँ दूर तक मेरी हमसफ़र रहीं और फिर एक दिन मेरी मुलाक़ात एक नए रंग से हुई जो दूर था न करीब, मानूस[86] था न अजनबी, नया था न पुराना... मैंने उसे छूना चाहा तो उसने कहा, ''मुझे महसूस कर मैं तुझी में हूँ।'' मैंने अपनी आँखें बंद कर लीं और सदा लगाई, ''ऐ लाशऊर[87] में बसने वाले तेरा क्या नाम है?'' उधर से जवाब आया, ''इक़बाल अशहर।''

दिल्ली

—**इक़बाल अशहर**

30.08.2019

---

81. आधुनिक 82. स्थगित 83. चित्रकार 84. सिंचाई 85. असमंजस 86. परिचित 87. अवचेतन

ग़ज़लें

৭৩

ठहरी-ठहरी सी तबीअत में रवानी आई
आज फिर याद मुहब्बत की कहानी आई

आज फिर नींद को आँखों से बिछड़ते देखा
आज फिर याद कोई चोट पुरानी आई

मुद्दतों बाद चला उन पे हमारा जादू
मुद्दतों बाद हमें बात बनानी आई

मुद्दतों बाद पशेमां[1] हुआ दरिया हम से
मुद्दतों बाद हमें प्यास छुपानी आई

मुद्दतों बाद खुली वुस्अत-ए-सहरा[2] हम पर
मुद्दतों बाद हमें ख़ाक उड़ानी आई

मुद्दतों बाद मयस्सर हुआ माँ का आँचल
मुद्दतों बाद हमें नींद सुहानी आई

इतनी आसानी से मिलती नहीं फ़न की दौलत
ढल गई उम्र तो ग़ज़लों पे जवानी आई

---

1. शर्मिन्दा 2. रेगिस्तान का फैलाव (सम्भावनाएँ)

ॐ

उसे बचाए कोई कैसे टूट जाने से
वो दिल जो बाज़ न आए फ़रेब खाने से

पड़ा है वक़्त तो लगता है सहमा-सहमा सा
वो इक चराग़ जो बुझता न था बुझाने से

रुकी रुकी सी नज़र आ रही है नब्ज़-ए-हयात
ये कौन उठ के गया है मिरे सिरहाने से

न जाने कितने चराग़ों को मिल गई शोहरत
इक आफ़ताब[1] के बेवक़्त[2] डूब जाने से

मैं जानता हूँ बिखरने से बच गए कुछ लोग
ये फ़ायदा तो हुआ मेरे टूट जाने से

उदास छोड़ गया वो हर एक मौसम को
गुलाब खिलते थे कल जिसके मुस्कुराने से

वो शख़्स एक ही लम्हे में टूट फूट गया
जिसे तराश रहा था मैं इक ज़माने से

---

1. सूरज 2. वक़्त से पहले

☙❦❧

सिलसिला ख़त्म हुआ जलने जलाने वाला
अब कोई ख़्वाब नहीं नींद उड़ाने वाला

ये वो सहरा है सुझाए न अगर तू रस्ता
ख़ाक हो जाए यहाँ ख़ाक उड़ाने वाला

क्या करे आँख जो पथराने की ख़्वाहिश न करे
ख़्वाब हो जाए अगर ख़्वाब दिखाने वाला

याद आता है कि मैं ख़ुद से यहीं बिछड़ा था
यही रस्ता है तिरे शहर को जाने वाला

ऐ हवा उससे ये कहना कि सलामत है अभी
तेरे फूलों को किताबों में छुपाने वाला

ज़िन्दगी अपनी अंधेरों में बसर करता है
तेरे आँचल को सितारों से सजाने वाला

सभी अपने नज़र आते हैं बज़्ज़ाहिर लेकिन
रूठने वाला है कोई न मनाने वाला

ले गईं दूर बहुत दूर हवाएँ जिस को
वही बादल था मिरी प्यास बुझाने वाला

꧁꧂

दयार-ए-दिल[1] में नया-नया सा चराग़ कोई जला रहा है
मैं जिसकी दस्तक का मुंतज़िर[2] था मुझे वो लम्हा बुला रहा है

फिर अधखुला सा कोई दरीचा[3] मिरे तसव्वुर[4] पे छा रहा है
ये खोया खोया सा चाँद जैसे तिरी कहानी सुना रहा है

तमाम रंगों से ज़िन्दगी के मिरा तआरुफ़[5] करा रहा है
अभी वो मुझको हंसा रहा था अभी वो मुझको रुला रहा है

मैं चाहता था उसे ग़ज़ल के निगारख़ाने[6] में क़ैद रक्खूँ
मगर वो दिलकश हसीन चेहरा मुझे मुसव्विर[7] बना रहा है

वो रौशनी की तलब[8] में गुम है मैं ख़ुशबुओं की तलाश में हूँ
मैं दायरों से निकल रहा हूँ वो दायरों में समा रहा है

वो कमसिनी[9] की शफ़ीक़[10] यादें गुलाब बनकर महक उठी हैं
उदास शब[11] की ख़मोशियों में ये कौन लोरी सुना रहा है

सुनो समन्दर की शोख़[12] लहरो हवाएँ ठहरी हैं तुम भी ठहरो
वो दूर साहिल पे एक बच्चा अभी घरोंदे बना रहा है

---

1. दिल का इलाक़ा, दिल-देश 2. प्रतीक्षा करने वाला 3. खिड़की 4. कल्पना 5. परिचय
6. आर्ट-गैलरी 7. चित्रकार 8. चाह 9. बचपन 10. दयालु, मेहरबान 11. रात 12. चंचल

৺৻

हम को हमारे सब्र का ख़ूब सिला दिया गया
यानी दवा न दी गई दर्द बढ़ा दिया गया

उनकी मुराद है यही ख़त्म न हो ये तीरगी
जिस ने ज़रा बढ़ाई लौ उसको बुझा दिया गया

पिछले मुबाहिसे[1] में तो लहजा ही नर्म था मगर
पेश-ए-हरीफ़[2] अब की बार सर भी झुका दिया गया

फिर ये कहा गया कि आप शौक़ से साँस लीजिये
पहले हवा-ए-शहर में ज़हर मिला दिया गया

एहल-ए-सितम[3] को रात फिर दावत-ए-रक़्स दी गई
और बराए रौशनी शहर जला दिया गया

मुनकिर[4]-ए-कर्बला हुए दर्द में मुब्तला[5] हुए
हम को भी इक यज़ीद[6] का दौर दिखा दिया गया

शौक़ से अब जनाब-ए-मन[7] मेरी ज़बां तराशिये
बोले बग़ैर बोलना मुझ को सिखा दिया गया

---

1. वाद-विवाद 2. दुश्मन के सामने 3. अत्याचारी 4. इंकार करने वाला 5. ग्रस्त 6. इमाम हुसैन का क़ातिल 7. महाशय

❧

कितने भूले हुए नग़मात[1] सुनाने आए
फिर तिरे ख़्वाब मुझे मुझ से चुराने आए

फिर धनक-रंग तमन्नाओं ने घेरा मुझ को
फिर तिरे ख़त मुझे दीवाना बनाने आए

फिर तिरी याद में आँखें हुईं शबनम-शबनम
फिर वही नींद न आने के ज़माने आए

फिर तिरा ज़िक्र किया बाद-ए-सबा ने मुझ से
फिर मिरे दिल को धड़कने के बहाने आए

फिर मिरे कासा-ए-ख़ाली[2] का मुक़द्दर जागा
फिर मिरे हाथ मुहब्बत के ख़ज़ाने आए

शर्त सैलाब समोने की लगा रक्खी थी
और दो अश्क भी हम से न छुपाने आए

---

1. गीत 2. ख़ाली भिक्षा-पात्र

ॐ

भीगी–भीगी पल्कों पर ये जो इक सितारा है
चाहतों के मौसम का आख़िरी शुमारा[1] है

अम्न के परिन्दों की सरहदें नहीं होतीं
हम जहाँ ठहर जाएँ वो चमन हमारा है

शाम दस्तकें देगी तब समझ में आएगा
ज़िन्दगी तलातुम[2] है मौत इक सहारा है

क्या अजब पहेली है ज़िन्दगी का मेला भी
पहले ख़ुद को ढूँढा है फिर तुझे पुकारा है

आरज़ू है सूरज को आईना दिखाने की
रौशनी की सुहबत में एक दिन गुज़ारा है

---

1. अंक 2. मौज, पानी के थपेड़े

॰

प्यास दरिया की निगाहों से छुपा रक्खी है
एक बादल से बड़ी आस लगा रक्खी है

तेरी आँखों की कशिश कैसे तुझे समझाऊँ
इन चराग़ों ने मिरी नींद उड़ा रक्खी है

क्यूँ न आ जाए महकने का हुनर लफ़्ज़ों को
तेरी चिट्ठी जो किताबों में छुपा रक्खी है

तेरी बातों को छुपाना नहीं आता मुझ से
तूने ख़ुश्बू मिरे लहजे में बसा रक्खी है

ख़ुद को तन्हा न समझ लेना नए दीवानो
ख़ाक सहराओं की हमने भी उड़ा रक्खी है

॥ॐ॥

कंकर गिरा तो झील का पानी मचल गया
गहरा सुकूत[1] टूट के नग़मों में ढल गया

आँगन के बीच उठी हुई दीवार गिर गई
सावन बिखरते रिश्तों की क़िस्मत बदल गया

अर्ज़-ओ-समा[2] की वुस्अतें[3] सिमटी हुई लगीं
जब मैं हुदूद-ए-ज़ात[4] से आगे निकल गया

लौटा तो घर की खोज में भटका बहुत वो शख़्स
दो चार दिन में शहर का नक़्शा बदल गया

मेरे सुनहरे ख़्वाब तो मिट्टी हुए मगर
ऐ यार तेरे पाँव का काँटा निकल गया

---

1. सन्नाटा 2. ज़मीन और आसमान 3. फैलाव 4. अस्तित्व की सीमा

॥ॐ॥

तुम्हारी ख़ुश्बू थी हमसफ़र तो हमारा लहजा ही दूसरा था
ये अक्स भी आशना[1] सा है कुछ मगर वो चेहरा ही दूसरा था

वो अधखुली खिड़कियों का मौसम गुज़र गया तो ये राज़ जाना
उधर शनासाई[2] तक नहीं थी इधर तक़ाज़ा[3] ही दूसरा था

गुलाब खिलते थे चाहतों के चराग़ जलते थे आहटों के
जहाँ बरसती हैं वहशतें अब कभी वो रस्ता ही दूसरा था

वही हैं ख़ुशियां वही हैं ग़म भी, वही हो तुम भी वही हैं हम भी
मगर वो दुनिया ही दूसरी थी मगर वो सपना ही दूसरा था

उदास लफ़्ज़ों के रास्ते में ये रौशनी की लकीर कब थी
मुहब्बतों के सफ़र से पहले ग़ज़ल का लहजा ही दूसरा था

---

1. परिचित 2. जान-पहचान 3. चाह, इच्छा

☙❧

(जिगर मुरादाबादी को समर्पित)

इश्क़ ने यूँ कर दिया दुनिया से बेगाना मुझे
मेरा साया भी बड़ी मुश्किल से पहचाना मुझे

और कोई नाम फिर दिल को न भाया उम्र भर
कह दिया था आप ने इक रोज़ दीवाना मुझे

आप की ये बेरुख़ी किस काम की रह जाएगी
आ गया जिस रोज़ अपने दिल को समझाना मुझे

होश की बातें कहाँ करता अगर ये जानता
इस क़दर महँगा पड़ेगा होश में आना मुझे

क्या बताऊँ मैं तुम्हें आसानियों की मुश्किलें
सैकड़ों ग़म दे गया इक ग़म का ठुकराना मुझे

❦

अपनी सुध-बुध भूल बैठे जो तुझे पाने के बाद
वो कहाँ जाए तिरी महफ़िल से उठ जाने के बाद

ऐ जुनून-ए-इश्क़ तेरी कौन सी मंज़िल[1] है ये
होश में आते हैं अब हम होश उड़ जाने के बाद

पत्थरों ने कर लिया अश्क-ए-नदामत[2] से वुज़ू
आईना होने से पहले मोम हो जाने के बाद

हाजत-ए-साइल[3] तो देखी ग़ैरत-ए-साइल[4] भी देख
आँख उठती ही नहीं दामन को फैलाने के बाद

ऐ ग़म-ए-दुनिया हमारे दिल की क्या औक़ात है
चूर हो जाते हैं पत्थर तुझ से टकराने के बाद

---

1. पड़ाव (मोड़) 2. शर्मिन्दगी के आँसू 3. माँगने वाले की ज़रूरत 4. मांगने वाले का स्वाभिमान

ॐ

कुछ नहीं बदला दिवाने[1] थे दिवाने ही रहे
हम नए शहरों में रहकर भी पुराने ही रहे

दिल की बस्ती में हज़ारों इंक़िलाब आए मगर
दर्द के मौसम सुहाने थे सुहाने ही रहे

हमने अपनी सी बहुत की वो नहीं पिघला कभी
उसके होंटों पर बहाने थे बहाने ही रहे

ऐ परिन्दो हिजरतें[2] करने से क्या हासिल हुआ
चोंच में थे चार दाने चार दाने ही रहे

गाँव की मासूम नदियों ने बहुत रोका मगर
शहर के बादल सियाने थे सियाने ही रहे

---

1. दीवाना और दिवाना दोनों शब्द प्रमाणित हैं 2. प्रवास

ॐ

उसकी ख़ुशबू मिरी ग़ज़लों में सिमट आई है
नाम का नाम है रुस्वाई की रुस्वाई है

दिल है इक और दो-आलम[1] का तमन्नाई[2] है
दोस्त का दोस्त है हरजाई का हरजाई है

हिज्र[3] की रात है और उनके तसव्वुर[4] का चराग़
बज़्म की बज़्म है तन्हाई की तन्हाई है

कौन से नाम से ताबीर करूँ इस रुत को
फूल मुरझाए हैं ज़ख़्मों पे बहार आई है

कैसी तरतीब से काग़ज़ पे गिरे हैं आँसू
एक भूली हुई तस्वीर उभर आई है

---

1. लोक-परलोक 2. इच्छुक 3. बिरह 4. कल्पना

॥ॐ॥

ख़ुदा ने लाज रखी मेरी बे-नवाई[1] की
बुझा चराग़ तो जुगनू ने रहनुमाई[2] की

तिरे ख़याल ने तस्ख़ीर[3] कर लिया है मुझे
ये क़ैद भी है बशारत[4] भी है रिहाई की

क़रीब आ न सकी कोई बे-वुज़ू[5] ख़्वाहिश
बदन-सराए में ख़ुश्बू थी पारसाई[6] की

मता-ए-दर्द[7] है दिल में तो आँख में आँसू
न रौशनी की कमी है न रौशनाई[8] की

अब अपने आप को क़तरा भी कह नहीं सकता
बुरा किया जो समन्दर से आशनाई[9] की

उसे भी शह[10] ने मुसाहिब[11] बना लिया अपना
जिस आदमी से तवक़्क़ो[12] थी लब-कुशाई[13] की

हर एक लफ़्ज़ से उभरेगा अब तिरा चेहरा
मैं लिखने बैठा हूँ रुदाद[14] बेवफ़ाई की

---

1. दरिद्रता, बेकसी 2. मार्ग-दर्शन 3. वशीकरण 4. ख़ुशख़बरी 5. अपवित्र 6. धर्म-निष्ठता,
सदाचारिता 7. दर्द की दौलत 8. लिखने की सियाही 9. जान-पहचान 10. बादशाह 11.साथी
12. उम्मीद 13. बात करने के लिए होंठ खोलना 14. कहानी

৹৹৹

ये जुगनुओं की क़यादत[1] में चलने वाले लोग
थे कल चराग़ की मानिन्द[2] जलने वाले लोग

हमें भी वक़्त ने पत्थर-सिफ़त[3] बना डाला
हमीं थे मोम की सूरत[4] पिघलने वाले लोग

हमीं ने अपने चराग़ों को पाएमाल[5] किया
हमीं हैं अब कफ़-ए-अफ़सोस[6] मलने वाले लोग

सिमट के रह गए माज़ी[7] की दास्तानों[8] तक
हुदूद-ए-ज़ात[9] से आगे निकलने वाले लोग

सितम तो ये कि हमारी सफ़ों[10] में शामिल हैं
चराग़ बुझते ही ख़ेमा[11] बदलने वाले लोग

हमारे दौर का फ़िरऔन[12] डूबता ही नहीं
कहाँ चले गए पानी पे चलने[13] वाले लोग

शिकायतें हैं ग़ज़ालों[14] को हमसे क्या क्या कुछ
हमीं हैं दश्त[15] का नक़्शा बदलने वाले लोग

---

1. नेतृत्व 2. समान 3. पत्थर जैसा 4. तरह 5. बर्बाद-तबाह 6. हाथ मलना, पछताना
7. अतीत 8. कथाएँ 9. वुजूद की सीमा 10. पंक्तियाँ, क़तारें 11. डेरा (दल) 12. मिस्र का एक
सम्राट जो बड़ा अत्याचारी था 13. पैग़म्बर हज़रत मूसा के नेतृत्व में फ़िरऔन को हराने वाले लोग
14. हिरन 15. वन, जंगल

৯৩৫৩

(फ़िराक़ गोरखपुरी को समर्पित)

क्या समझना चाहिए था क्या समझ बैठे थे हम
था वही दरिया जिसे प्यासा समझ बैठे थे हम

शुक्र है टूटे हुए रिश्ते ने आँखें खोल दीं
एक ही इंसान को दुनिया समझ बैठे थे हम

दिल के झुक जाने ने रख ली बंदगी की आबरू
सर के झुक जाने को ही सज्दा समझ बैठे थे हम

चलते रहने का जुनूँ कितना मुज़िर[1] साबित हुआ
थी वही मंज़िल जिसे रस्ता समझ बैठे थे हम

इस्तिआरों[2] ने तुझे कुछ और रौशन कर दिया
इस धुंदल्के को तिरा पर्दा समझ बैठे थे हम

ऐ ख़याल-ए-यार तेरी हमरही[3] काम आ गई
रात ख़ुद को किस क़दर तन्हा समझ बैठे थे हम

रौशनी के रूठ जाने पर ये अंदाज़ा हुआ
चंद साए थे जिन्हें अपना समझ बैठे थे हम

---

1. हानिकारक 2. रूपक 3. साथ होना

❧

कोई ख़्वाब फिर से चमक उठा कोई ज़ख़्म फिर से हरा हुआ
मैं समझ रहा था वो बेवफ़ा मिरे हाफ़िज़े[1] से जुदा हुआ

ये सवाल सबकी ज़बाँ पे है उसे क्या हुआ उसे क्या हुआ
वही तीरगी[2] के ख़िलाफ़ था वही रौशनी से ख़फ़ा हुआ

यहाँ ख़ुश्बुओं की रफ़ाक़तें[3] न तुझे मिलीं न मुझे मिलीं
वो चमन कि जिस पे ग़ुरूर था न तिरा हुआ न मिरा हुआ

इसे कहिये वज्ह-ए-सुरूर[4] क्या हो विरासतों पे ग़ुरूर क्या
जो डगर मिली वो लुटी हुई जो दिया मिला वो बुझा हुआ

वो जो ख़्वाब थे मिरे ज़ह्न में न मैं कह सका न मैं लिख सका
कि ज़बां मिली तो कटी हुई कि क़लम मिला तो बिका हुआ

नहीं ख़ुद पे मैं अभी मुन्कशिफ़[5] है मिरी तलब ज़रा मुख़्तलिफ़[6]
अभी दिल नहीं है वो आईना जो हो आँसुओं से धुला हुआ

वो जो सुर्ख़-सुर्ख़ निशान थे मिरी गुमरही[7] का बयान थे
तिरे क़ाफ़िले ने पढ़ा नहीं मिरे आबलों[8] का लिखा हुआ

---

1. याददाश्त 2. अंधेरा 3. संगति, साथ 4. हर्ष का कारण, 5. प्रकट, व्यक्त 6. विभिन्न
(अलग) 7. पथ-भ्रष्टता 8. छाले

৭৩

हमारे पास दवा कम दुआ ज़ियादा है
इसी लिए हमें ख़ौफ़-ए-ख़ुदा ज़ियादा है

अब और किस लिए दस्त-ए-तलब[1] दराज़[2] करूँ
जो मिल गया मुझे वो भी ज़रा ज़ियादा है

सुरूर-ए-इश्क़ के सदक़े मुझे ख़बर ही नहीं
कि मेरे हिस्से में क्या कम है क्या ज़ियादा है

तुम्हारे हिज्र[3] में पल्कें सितारा-साज़[4] हुईं
सो आजकल मिरे घर में ज़िया[5] ज़ियादा है

ज़ियादा अश्क-ए-नदामत[6] का मुस्तहिक़[7] हूँ मैं
कि बे-असर मिरा हर्फ़-ए-दुआ ज़ियादा है

इलाही मुझ को बचाना जहान-ए-ख़ूबाँ[8] से
मिरी सरिश्त में बू-ए-वफ़ा ज़ियादा है

ऐ चारासाज़[9] बड़ी एहतियात है लाज़िम
पुराना ज़ख़्म है लेकिन हरा ज़ियादा है

---

1. माँगने वाला हाथ 2. फैलाना 3. बिरह 4. सितारा (आँसू) बनाने वाली 5. रौशनी 6. पछतावे
के आँसू 7. पात्र 8. सुन्दर लोगों की दुनिया 9. सर्जन (डॉक्टर)

❧☙

काश ऐसा कोई सज्दा भी जबीं[1] तक पहुँचे
जिसके जज़्बे की तड़प अर्श-ए-बरीं तक पहुँचे

इश्क़नामे[2] में नया बाब[3] न जुड़ने पाया
क़ैस[4] पहुँचा था जहाँ हम भी वहीं तक पहुँचे

आह करते हैं मगर पास-ए-मुहब्बत[5] तौबा
चाहते हैं कि ये आवाज़ हमीं तक पहुँचे

कब तलक जिस्म की दीवार से टकराएगी
मेरी आवाज़ किसी दिन तो मकीं[6] तक पहुँचे

कितनी ऊँचाई पे ख़्वाबों ने बिठाया था मुझे
कितनी मुश्किल से मिरे पाँव ज़मीं तक पहुँचे

ज़ात की भूल-भुलय्यां का तमाशा मत पूछ
उम्र खप जाए तो इंसान यक़ीं तक पहुँचे

कितना फैलाव था उस ''हाँ'' के घने जंगल का
एक मुद्दत में क़लम वाले ''नहीं'' तक पहुँचे

---

1. माथा 2. प्रेम ग्रन्थ 3. अध्याय 4. मजनूं 5. मुहब्बत का लिहाज़ 6. मकान में रहने वाला

꧁꧂

तिरे करम का सज़ावार[1] कुछ ज़ियादा है
कि ये हक़ीर[2] गुनहगार कुछ ज़ियादा है

ज़मीर पहले से बेदार कुछ ज़ियादा है
सो मुझ में जुअॅत-ए-इज़हार कुछ ज़ियादा है

सुने सुनाए उसूलों से मुनहरिफ़[3] हूँ मैं
नशा जुनून का इस बार कुछ ज़ियादा है

इधर सफ़र से तबीअत है उखड़ी-उखड़ी सी
उधर ज़मीन भी हमवार[4] कुछ ज़ियादा है

मैं क्या कहूँ कि मसीहाई[5] में असर है कम
ये दिल ही ख़ैर से बीमार कुछ ज़ियादा है

मैं चाह कर भी तिरे साथ चल नहीं सकता
ऐ नस्ल-ए-नौ[6] तिरी रफ़्तार कुछ ज़ियादा है

ये सोच कर ही सफ़ीने[7] सफ़र पे निकले हैं
सुना है रौशनी उस पार कुछ ज़ियादा है

बड़ा लतीफ़[8] है सहरा का ये सफ़रनामा[9]
अगरचे[10] प्यास का इज़हार कुछ ज़ियादा है

---

1. सज़ा का पात्र 2. तुच्छ (विनम्रता में ख़ुद को कहा जाता है) 3. बाग़ी 4. सपाट 5. हज़रत
ईसा का चमत्कार अर्थात् मुर्दों को ज़िंदा और बीमारों को अच्छा करना 6. नई पीढ़ी 7. बेड़े
8. उम्दा 9. यात्रा वृत्तान्त 10. यद्यपि

ॐ

अब तो बस बाद-ए-सबा[1] का हमज़बाँ रहता है वो
शाख़ हूँ मैं मेरे क़ब्ज़े में कहाँ रहता है वो

मेरे ज़ख़्मों से वो पहली सी ख़लिश[2] जाती रही
जब से जाना है कि मुझ बिन शादमाँ[3] रहता है वो

मेरे लफ़्ज़ों से उभरता है बस इक उसका वुजूद
दास्ताँ कोई हो ज़ेब-ए-दास्ताँ[4] रहता है वो

वो जो इक महका हुआ गोशा[5] कुतुबख़ाने[6] में है
हैं वहाँ कुछ फूल जिनके दरमियाँ रहता है वो

भूल जाऊँ ख़ाना-ए-दिल तक अगर महदूद[7] हो!!
लेकिन अब तो मेरी रग-रग में रवाँ रहता है वो

अब तो इस बदली रविश[8] से ख़ौफ़ आता है मुझे
इन दिनों मुझ पर ज़ियादा मेहरबाँ रहता है वो

उसके दम से ही उजालों से तआरुफ़ है मिरा
मेरे अंधयारों में मिस्ल-ए-कहकशाँ[9] रहता है वो

तुम दर-ए-महबूब से जाते हो लेकिन सोच लो
जो भी उठता है यहाँ से बे-अमाँ[10] रहता है वो

ख़ाक हूँ मैं और मुझ को है बुलंदी की हवस
आस्माँ है और ज़ेर-ए-आस्माँ[11] रहता है वो

---

1. ठंडी हवा 2. चुभन 3. ख़ुश 4. कहानी की शोभा 5. कोना 6. लाइब्रेरी 7. सीमित 8. व्यवहार
9. आकाशगंगा 10. असुरक्षित 11. आस्मां के नीचे

৸৹৶

रस्म-ए-उल्फ़त निभाने वाले लोग
हाए अगले[1] ज़माने वाले लोग

रतजगों के लिए कहाँ से लाएँ
दास्तानें सुनाने वाले लोग

दश्त[2] वीरान होते जाते हैं
क्या हुए ख़ाक उड़ाने वाले लोग

ख़ारज़ारों[3] में ख़ैरियत है सब
मिट गए गुल खिलाने वाले लोग

हार जाती हैं सारी तदबीरें
जाके रहते हैं जाने वाले लोग

अब जो रोते हैं राख पर बैठे
थे यही घर जलाने वाले लोग

---

1. गुज़रे, पहले 2. जंगल, रेगिस्तान 3. जहाँ कांटे अधिक हों

रंग हैं सब के मिलते जुलते सब के ख़ाके एक से हैं
काग़ज़-काग़ज़ महफ़िल-महफ़िल सारे लहजे एक से हैं

तेरी और मिरी मिट्टी के सारे नग़मे एक से हैं
सब महकारें हैं इक जैसी सारे ग़ुंचे एक से हैं

आने वाले कल के मुसव्विर कोई नवेली दुनिया ढूँड
इस नगरी के सारे मंज़र सारे चेहरे एक से हैं

अव्वल अव्वल कोई तअल्लुक़ रूमानी सा लगता है
आख़िर आख़िर ये खुलता है सारे रिश्ते एक से हैं

मन-भावन सी कोई कहानी अब के बरस सौग़ात में दे
कब से मिरी जंबील[1] में मौला सारे क़िस्से एक से हैं

मौला ऐसी कोई तड़प दे आँखें जल-थल हो जाएँ
कब से मेरी पेशानी[2] पर सारे सज्दे एक से हैं

---

1. टोकरी, झोली 2. माथा

❦

ये शाम तिरे लम्स[1] की ख़ुश्बू से जुड़ी है
इस शाम की तक़दीर गुलाबों ने लिखी है

तारे भी नुमाइश का हुनर भूल गए हैं
जिस दिन से मिरे चाँद की तहरीर पढ़ी है

हर शाम खिंचे आते हैं मासूम फ़रिश्ते
नानी की पिटारी में कोई सब्ज़ परी है

क्यूं इतनी अक़ीदत[2] से मुझे देख रहे हो
क्या कोई बशारत[3] मिरे माथे पे लिखी है

तारीक[4] समन्दर में गुज़ारे हैं कई साल
तब जाके मुझे नूर की इक बूंद मिली है

हर शख़्स नज़र आता है पानी का तलबगार[5]
किस किस को बताऊँ कि नदी सूख रही है

---

1. स्पर्श 2. श्रद्धा, आस्था 3. शुभ समाचार, आकाशवाणी (दैवीय संदेश) 4. सियाह, अंधकारमय
5. इच्छुक

॥ॐ॥

और पछताएँ कब तलक आख़िर और मिलना भी क्या है पछताकर
एक सहरा को छोड़ आए थे एक सहरा में बस गए आकर

दो किनारों की तरह जीने से हिज़्र का फ़ैसला ग़नीमत[1] है
तुम भी बिखरे हुए से रहते हो मैं भी कुछ ख़ुश नहीं तुम्हें पाकर

कोई दस्तक न कोई आहट हो सिर्फ़ ख़्वाबों की गुनगुनाहट हो
काश ऐसी भी कोई रात आए मैं भी सो जाऊँ पाँव फैलाकर

एक तस्वीर तितलियों की है और मंज़र से फूल ग़ायब है
हो अगर इख़्तियार में मेरे मैं बिठा दूँ तुझे यहाँ लाकर

जो अभी दस्तरस[2] से बाहर हैं वो जहान एक दिन तिरे होंगे
ज़हन को और ताबनाक[3] बना ज़र्फ़[4] को और कुछ कुशादा[5] कर

---

1. संतोष की बात 2. पहुँच 3. चमकीला 4. सहनशीलता, हौसला 5. खुला हुआ (मज़बूत)

ॐ

ग़ज़ल के बोसीदा[1] कैनवस पर नई-नई सी धनक सजा दे
उस एक रुत की तलाश में हूँ जो रौशनी का पता बता दे

इसी तवाज़ुन[2] के दम-क़दम[3] से तिलिस्म-ए-हर्फ़ो-सदा[4] है क़ायम
कभी समन्दर में रास्ता कर कभी समन्दर को रास्ता दे

अजीब सफ़्फ़ाक[5] आदमी है क़सीदे पढ़ता है रौशनी के
और अन्दर-अन्दर ये चाहता है तमाम जलते दिये बुझा दे

ये मेरे अंदर का आदमी भी बदलता रहता है रंग कितने
कभी सिमटने का ख़्वाब देखे कभी बिखरने का मशवरा दे

क़लम उठाने की आरज़ू है तो ये हक़ीक़त भी याद रखना
वो आईना क्या जो सच न बोले वो रौशनी क्या जो घर जला दे

---

1. पुराना 2. संतुलन 3. वुजूद 4. आवाज़ और शब्द का जादू 5. क्रूर, अत्याचारी

॥৹৻॥

कभी कसक जुदाई की कभी महक विसाल[1] की
क़दम न थे ज़मीं पे जब वो उम्र थी कमाल की

कई दिनों से फ़िक्र का उफ़ुक़[2] उदास-उदास है
न जाने खो गई कहाँ धनक तिरे ख़याल की

रफ़ाक़तों[3] के वो निशाँ न जाने खो गए कहाँ
वो ख़ुशबुओं की रहगुज़र[4] वो रतजगों की पालकी

किसी को खो के पा लिया किसी को पा के खो दिया
न इंतिहा ख़ुशी की है न इंतिहा मलाल की

वो रौशनी का ख़्वाब था मगर वही सराब[5] था
उरूज[6] में छुपी हुई थी इब्तिदा ज़वाल[7] की

---

1. मिलन 2. क्षितिज 3. मैत्री 4. रास्ता 5. रेत की चमक जिस पर दूर से पानी का गुमां होता है
6. ऊँचाई, उन्नति 7. पतन

੭੦੪

प्यास के बेदार होने का कोई रस्ता न था
इस तरफ़ बादल नहीं थे उस तरफ़ दरिया न था

रात की तारीकियाँ[1] पहचान लेती थीं उसे
रूह की आवाज़ था वो जिस्म का साया न था

तेरी यादें तो चराग़ों की क़तारें बन गईं
पहले भी घर में उजाला था मगर ऐसा न था

चन्द क़तरों के लिए दरिया को क्यूँ तक्लीफ़ दी
मेरी जानिब देख लेते मैं कोई सहरा न था

रात आई तो चराग़ों की बड़ी ताज़ीम[2] थी
और जब गुज़री तो कोई पूछने वाला न था

---

1. अंधेरा 2. इज़्ज़त

ॐ

ये सब क्या है कभी जलना कभी ख़ुद को बुझा देना
लकीरें खींच देना फिर लकीरों को मिटा देना

सुना है तुम मिरी ख़ामोशियों का शोर सुनते हो
ये अफ़साना मुकम्मल हो तो मुझको भी सुना देना

मुझे इस भीड़ का हिस्सा बनाया है तो इतना कर
कि मुम्किन हो जो मैं चाहूँ किसी को रास्ता देना

उसे फ़ानूस बन जाने में कितनी देर लगती है
अगर आसान हो जाए चराग़ों को हवा देना

जहाँ लहजे की सच्चाई तमाशा बन के रह जाए
वहाँ किस की सदा सुनना वहाँ किस को सदा देना

ॐ

वो भी कुछ भूला हुआ था मैं भी कुछ भटका हुआ
राख में चिंगारियाँ ढूँढी गईं ऐसा हुआ

दास्तानें ही सुनानी हैं तो फिर इतना तो हो
सुनने वाला शौक़ से ये कह उठे फिर क्या हुआ

उम्र का ढलना किसी के काम तो आया चलो
आईने की हैरतें कम हो गईं अच्छा हुआ

रात आई और फिर तारीख़ को दोहरा गई
यूँ हुआ इक ख़्वाब तो देखा मगर देखा हुआ

वो किसी को याद करके मुस्कुराया था उधर
और मैं नादान ये समझा कि वो मेरा हुआ

৪৩

देखी सहर[1] की राह न शब[2] का गिला किया
जलना था इक दिये का मुक़द्दर जला किया

देखा वो इंतिशार[3] उजालों के शहर में
इक बेचराग़ नस्ल ने शुक्र-ए-ख़ुदा किया

सौ लोग आ गए मिरी तक़्लीद[4] के लिए
मैंने सफ़र की सम्त[5] बता दी ये क्या किया

इस शहर-ए-बे-चराग़ में जागा हुआ है कौन
मैंने भी आँख मूंद ली तो क्या बुरा किया

मैं कैसे भूल जाऊँ तिरी रौशनी का लम्स[6]
तेरे ही अक्स ने तो मुझे आईना किया

---

1. सुब्ह 2. रात 3. बिखराव 4. अनुसरण 5. दिशा 6. स्पर्श

ॐ

जागा हुआ सा तलातुम[1], सोया हुआ सा किनारा
मेरे लिए इक तहय्युर[2] तेरे लिए इक नज़ारा

पेश-ए-नज़र[3] आईना था वो भी अजब मरहला[4] था
ख़ुद से बिछड़ने की धुन में ख़ुद से मिला मैं दोबारा

वो क्या कशिश थी कि जिसने परवाज़[5] को रौशनी दी
वो कौन सी दिलकशी थी जिसने ज़मीं पर उतारा

ज़ोम-ए-अना[6] तोड़कर भी फ़िक्र-ए-अना में मुलव्विस[7]
उसने मुझे क्यूं न देखा मैंने उसे क्यूं पुकारा

पिछले पहर खिल गई थी मुझ में अजब चाँदनी सी
ऐसा तिलिस्मी[8] कहाँ था पहले तसव्वुर[9] तुम्हारा

---

1. मौज (पानी का ज़ोर) 2. हैरत 3. नज़र के सामने 4. चरण 5. उड़ान 6. अहंकार 7. शामिल
8. जादुई 9. कल्पना

৵৹৶

नापसन्दीदा[1] है अब आवाज़ का धोका भी क्या
यार सन्नाटा भली शै[2] है मगर ऐसा भी क्या

पूछते क्या हो मिरी तन्हाई की तम्सील[3] तुम
जैसे वो सुनसान सहरा और वो सहरा भी क्या

उसकी आँखों में सुहाने मौसमों के ख़्वाब थे
यार इस वहशत-ज़दा[4] बस्ती में वो रहता भी क्या

क़हक़हों की छाँव से बिछड़े तो इक मुद्दत हुई
सूखने वाला है अब आँखों का ये दरिया भी क्या

मैं समझता था कि ये सूरज पिघलता ही नहीं
टूट जाता है किसी दिन दर्द का रिश्ता भी क्या

---

1. अप्रिय 2. चीज़ 3. समरूप (मिसाल) 4. भयभीत

৩০৫

क्यूँ किनारे का तमाशाई बनाता है मुझे
देख फिर मंझधार से कोई बुलाता है मुझे

मैं नए मौसम के उजले ख़्वाब की ताबीर[1] हूँ
भूली बिसरी दास्तानें क्यूँ सुनाता है मुझे

जब सुलगती धूप से मानूस[2] हो जाता हूँ मैं
फिर घनेरी छाँव देकर आज़माता है मुझे

सुब्ह का चेहरा हो रौशन ये ज़रूरी तो नहीं
और जलने दे अभी से क्यूँ बुझाता है मुझे

गुज़रे मौसम की सदाओ[3] तुम कहाँ आबाद हो
इस भरी बस्ती का सन्नाटा रुलाता है मुझे

---

1. स्वप्न फल 2. आकृष्ट, घुला-मिला 3. आवाज़ें

❧☙

रात का पिछला पहर कैसी निशानी दे गया
मुन्जमिद[1] आँखों के दरिया को रवानी दे गया

मैं सदाक़त[2] का अलमबरदार[3] समझा था जिसे
वो भी जब रुख़्सत हुआ तो इक कहानी दे गया

पहले अपना तज्ज़िया[4] करने पे उकसाया मुझे
फिर मिरी हैरानियों को बे-ज़बानी दे गया

क्यूं उजालों की नवाज़िश हो रही है हर तरफ़
क्या कोई बुझते चराग़ों को जवानी दे गया

क्यूं न उस आवारा बादल को दुआएँ दीजिए
जो समन्दर को ख़लिश सहरा को पानी दे गया

---

1. जमा हुआ 2. सच्चाई 3. झंडा उठाने वाला 4. विश्लेषण

৹৩৻

जहाँ तआरुफ़[1] हुआ था मेरा तिरी वफ़ाओं की दिलकशी से
कभी-कभी तो वो रास्ते भी दिखाई देते हैं अजनबी से

किसी दरीचे[2] की ओट से तुम मिरा नज़ारा न कर सकोगे
मैं उन परिन्दों का हमसफ़र हूँ जो रूठ जाते हैं रौशनी से

तुम अपने लफ़्ज़ों की रौशनी से जो मुतमइन[3] हो तो सोचना क्या
जवाब देते हो क्यूं किसी को सवाल करते हो क्यूं किसी से

ये कैसे इल्हाम[4] का है साया मैं डरता रहता हूँ क्यूं ख़ुदाया
कभी समन्दर के चीख़ने से कभी समन्दर की ख़ामुशी से

वो एक लम्हा कि जिसकी दस्तक मुहब्बतों का पयाम लाए
वो एक लम्हा अज़ीम-तर है लहू में डूबी हुई सदी से

---

1. परिचय 2. खिड़की 3. संतुष्ट 4. ईश्वर की तरफ़ से दिल में आई हुई बात, अंतर्ज्ञान

॥ॐ॥

मुझ में हो और मुझी से निहाँ[1] रौशनी रहे
तेरी रज़ा[2] न हो तो कहाँ रौशनी रहे

ये राज़ जानती है तिरी ही मुसव्विरी[3]
हो तीरगी[4] कहाँ तो कहाँ रौशनी रहे

वो दिल हो क्यूं उदास कि जिस दिल में तुम बसो
रात आए क्यूं वहाँ कि जहाँ रौशनी रहे

वो लोग क्या हुए कि जो देते थे ये दुआ
तुम जिस तरफ़ भी जाओ वहाँ रौशनी रहे

क्या लोग हैं चराग़ बुझाने पे हैं बज़िद[5]
और ये भी चाहते हैं यहाँ रौशनी रहे

---

1. छुपा हुआ 2. सहमति, इच्छा 3. चित्रकारी 4. अंधेरा 5. अड़े हुए

ॐ

नए मौसमों की कोई ख़ुशी न गई रुतों का मलाल[1] है
तिरे बाद मेरी तलाश में कोई ख़्वाब है न ख़याल है

वो चराग़ हूँ कि जिसे हवा न जला सकी न बुझा सकी
मिरी रौशनी के नसीब में न उरूज[2] है न ज़वाल[3] है

ये है शहर-ए-जिस्म वो शहर-ए-जां न यहाँ सुकूँ न वहाँ सुकूँ
यहाँ ख़ुशबुओं की तलाश है वहाँ रौशनी का सवाल है

वो जो फ़ासलों में थीं क़ुर्बतें[4] ये जो क़ुर्बतों में हैं फ़ासले
वो मुहब्बतों का उरूज था ये मुहब्बतों का ज़वाल है

नई रुत में तू भी नहीं ढला तिरा ख़त मिला तो पता चला
तिरी सुब्ह-ए-नौ[5] को अभी तलक मिरी शाम-ए-ग़म का मलाल है

---

1. दुख 2. उन्नति 3. पतन 4. नज़दीकी 5. नई सुब्ह

❧❦

तिरी दीद की जो तलब हुई तिरे इश्क़ की जो हवा लगी
तुझे क्या ख़बर मुझे उम्र भर न दवा लगी न दुआ लगी

तिरी राह का जो ग़ुबार है ये मिरे सफ़र का वक़्कार[1] है
मुझे और कुछ नहीं चाहिये मिरे हाथ ख़ाक-ए-शिफ़ा[2] लगी

तिरा शुक्रिया मुझे हिज्र[3] में भी विसाल-रुत[4] के मज़े मिले
तिरी जुल्फ़ की जो असीर[5] थी मिरे जिस्म पर वो हवा लगी

ये शफ़क़[6] नहीं ये शफ़क़ नहीं न ये डूबता हुआ आफ़ताब[7]
ये चराग़ है शब-ए-वस्ल[8] का ये हथेलियाँ हैं हिना लगी

तिरे रोम रोम को क्या कहूँ जो न बू-ए-गुल की पता कहूँ
वही ख़ुश्बुओं से महक उठी तिरे जिस्म से जो क़बा[9] लगी

---

1. प्रतिष्ठा 2. बीमार को अच्छा कर देने वाली मिट्टी 3. बिरह 4. मिलन रुत 5. क़ैदी 6. क्षितिज की लाली 7. सूरज 8. मिलन की रात 9. लिबास

৩৩

मुसलसल[1] गर्दिशों से लोग अक्सर टूट जाते हैं
हम ऐसों का तो कहना क्या क़लन्दर टूट जाते हैं

बना देती हैं कितने दायरे भीगी हुई आँखें
पलक झपके तो सब ख़ुश-रंग मंज़र टूट जाते हैं

ये मिट्टी अंदर-अंदर क्या तअल्लुक़ जोड़ लेती है
अगर इक घर को तोड़ें तो कई घर टूट जाते हैं

जो तू ख़ुश हो तो दरिया में भी रस्ता होता जाता है
ख़फ़ा हो जाए तो लश्कर के लश्कर टूट जाते हैं

ग़ज़ल परदेस से आया हुआ ख़ुश्बू का वो ख़त है
जिसे पढ़ कर ये शीशे क्या हैं पत्थर टूट जाते हैं

---

1. लगातार

ॐ

रात की ख़मोशी में कितना शोर होता है सब कहाँ समझते हैं
हादसों की आहट को बे-चराग़ लम्हों के राज़दाँ[1] समझते हैं

देखकर ये तुग़यानी[2] साहिलों की हैरानी कह रही है क्या क्या कुछ
और एक हम हैं जो रेत की दुआओं को राएगाँ[3] समझते हैं

दो जहान के मालिक एक अब्र का टुकड़ा इनके नाम भी लिख दे
मुद्दतों से ये सहरा धूप की तपिश को ही सायबाँ समझते हैं

वुस्अतों[4] की ख़्वाहिश में इस हिसार-ए-ज़ुल्मत[5] से दूर मत निकल जाना
ऐ सितारा-ए-तन्हा हम तुझे उजालों का कारवाँ समझते हैं

जब ज़बाँ की हुर्मत[6] पर कोई हर्फ़ आता[7] है चीख़ते हैं सन्नाटे
कैसी कम नसीबी है उनके लब नहीं खुलते जो ज़बाँ समझते हैं

---

1. राज़दार 2. सैलाब 3. व्यर्थ 4. विस्तार 5. अंधेरे का दायरा 6. मर्यादा, इज्जत 7. इल्ज़ाम लगना

৶৹৻

बहुत अच्छा लगा ये जानकर अच्छा नहीं हूँ मैं
चलो ये तो खुला इस भीड़ में खोया नहीं हूँ मैं

कोई फ़ानूस बन जाने की ख़्वाहिश तो करेगा क्या
यहाँ तो मसअला[1] ये है कि क्यूं बुझता नहीं हूँ मैं

अभी से डाल दी तुमने सिपर[2] यारो हुआ क्या है
अभी शर्मिन्दगी कैसी अभी टूटा नहीं हूँ मैं

मिरी सफ़्फ़ाकियत[3] पर आँच तक आई नहीं कोई
मिरे लहजे पे मत जाना अभी पिघला नहीं हूँ मैं

मगर उसकी अना[4] मेरी अना से मुख़्तलिफ़[5] निकली
तो क्या वो सच ही कहता था ''तिरे जैसा नहीं हूँ मैं''

---

1. समस्या 2. ढाल, कवच 3. क्रूरता 4. अहं, मैं 5. भिन्न, अलग

ॐ

तुम्हें इस दश्त[1] में किसने पुकारा है
सराबों[2] से तअल्लुक़ तो हमारा है

बिखर जाओ तो कुछ मिलना नहीं मुम्किन
सिमट जाओ तो ये सब कुछ तुम्हारा है

तलब किस को है तुझ से लौ लगाने की
किसे ख़ुद से बिछड़ जाना गवारा है

बस इतना है कि इस मंज़र का हिस्सा हूँ
मिरा क्या है कि ये सब कुछ तुम्हारा है

भंवर लिपटा मिरे पैरों से कुछ ऐसे
कहा दिल ने यही तेरा किनारा है

---

1. रेगिस्तान 2. रेत की चमक जिस पर दूर से पानी का धोखा होता है

☙❧

उदास चेहरे को पढ़ने वालो हमारे दिल में उतर के देखो
यहाँ हुकूमत है रौशनी की कभी यहाँ भी ठहर के देखो

ये बात क्या है कि आईने की बिसात पर तब्सिरा[1] करो तुम
मज़ा तो जब है कि मुस्कुराओ और अंदर-अंदर बिखर के देखो

शगुफ़्ता[2] लफ़्ज़ों को छू के इतनी ख़ुशी मनाने से फ़ायदा क्या
लहू से अपने ग़ज़ल का लहज़ा संवार दो फिर संवर के देखो

मुझे यक़ीं है कि कैनवस की ये गूंगी तस्वीर बोल उठेगी
जो मेरे हमज़ाद[3] बन चुके हैं वो रंग आँखों में भर के देखो

हम अपने सहमे हुए परों से उड़ान भरते रहें कहाँ तक
कभी तो तुम भी हमारी ख़ातिर बुलन्दियों से उतर के देखो

---

1. टिप्पणी 2. खिले हुए 3. सहजात

॥ॐ॥

करेंगे आप मिट जाना गवारा क्या
यही ज़िद है तो फिर चलिए हमारा क्या

अंधेरे में अचानक रौशनी कैसी
चलो पूछें हमें उसने पुकारा क्या

कि हम महदूद[1] होने से गुरेज़ाँ[2] हैं
नज़र आए हमें कोई किनारा क्या

तिरे होंठों पे अनदेखा तबस्सुम[3] क्यूँ
तिरी मुट्ठी में है कोई सितारा क्या

वो फिर मिल कर जो बिछड़ा है तो हैरत क्यूँ
क़यामत[4] आ नहीं सकती दोबारा क्या

---

1. सीमित 2. बचकर निकल जाने वाला 3. मुस्कान 4. प्रलय

꧁꧂

कहीं महकती ख़मोशियों में कहीं चमकती सदाओं में है
तुम एक मंज़र में ढूँडते हो मगर वो चारों दिशाओं में है

अब इस तज़ब्ज़ुब[1] से थक चुका हूँ अब इक तरफ़ होना चाहता हूँ
कि मुद्दतों से वुजूद मेरा न धूप में है न छाओं[2] में है

अगर अंधेरे को छोड़कर मैं कभी उजाले में आ भी जाऊँ
उदास चेहरा तो देख लोगे मगर वो काँटा जो पाओं[3] में है

किसी का पाकीज़ा[4] लम्स[5] पाकर गई रुतें फिर न लौट आएँ
सुना है पत्थर का शाहज़ादा इन्हीं तिलिस्मी[6] गुफ़ाओं में है

सो उसकी आँखों का आईने से कभी तआरुफ़ न हो सका था
उसे ख़बर ही न थी कि उसका शुमार भी अप्सराओं[7] में है

---

1. असमंजस 2. छाँव 3. पाँव 4. पवित्र 5. स्पर्श 6. जादुई 7. परी

৩৩

तमाशाई बने रहिये तमाशा देखते रहिये
यही दुनिया है तो कब तक ये दुनिया देखते रहिये

अगर अपने बिखरने का नज़ारा कर नहीं सकते
तो ये कीजे कि वो रौशन सितारा देखते रहिये

कि यूँ मंज़र बदल जाने से हैरानी नहीं होती
अगर गुलशन में रहना हो तो सहरा देखते रहिये

मियाँ क्या आईने को खेलने की चीज़ समझे थे
अब अपने आपको क़िस्तों में बटता देखते रहिये

इधर तुम प्यास की हुर्मत[1] का क़िस्सा छेड़ बैठे हो
उधर मौसम ये कहता है कि दरिया देखते रहिये

---

1. मर्यादा, आबरू

࿐

फूल है चाँद है सितारा है
वो हर इक शक्ल में हमारा है

अपना दामन संभाल कर रखिये
प्यार जुगनू नहीं शरारा[1] है

अब कहाँ दिल पे इख़्तियार अपना
मुद्दतों से ये घर तुम्हारा है

बेसबब तो नहीं जले ये चराग़
शायद उसने हमें पुकारा है

चाँद उभरते हैं डूब जाते हैं
रात सदियों से बेसहारा है

---

1. चिंगारी

৯৩

हमें मिट्टी की ख़ुशबू से जुदा होना नहीं आता
ज़रा सी बात पर माँ से ख़फ़ा होना नहीं आता

गए मौसम के रंगों पर कोई तन्क़ीद[1] क्या करते
हमें अपने बुजुर्गों से बड़ा होना नहीं आता

अभी इस शहर की सड़कें कुशादा[2] हो नहीं सकतीं
अभी कुछ बस्तियों को रास्ता होना नहीं आता

पुराने मौसमों की दिलकशी ज़िन्दा नहीं रहती
अगर ताज़ा रुतों को बेवफ़ा होना नहीं आता

कई पत्ते बिछड़ना चाहते हैं अपनी शाख़ों से
ग़नीमत है हवा को सरफिरा होना नहीं आता

---

1. आलोचना 2. चौड़ा

☙❧

बदन में अव्वलीं[1] एहसास है तकानों[2] का
रफ़ीक़[3] छूट गया है कहीं उड़ानों का

हिसार-ए-ख़्वाब[4] में आँखें पनाह लेती हुई
अजब ख़ुमार[5] सा माहौल में अज़ानों का

चराग़-ए-सुब्ह सी बुझने लगीं मिरी आँखें
जब इंतिशार[6] न देखा गया घरानों का

अमान[7] कहते हैं जिसको बस इक तसव्वुर है
कि यूँ ठहर सा गया वक़्त इम्तिहानों का

जो उसके होंटों की जुंबिश[8] में क़ैद था 'अशहर'
वो एक लफ़्ज़ बना बोझ मेरे शानों का

---

1. पहला 2. थकन 3. साथी 4. ख़्वाब का दायरा 5. सुरूर 6. बिखराव 7. शरण, पनाह 8. कंपन

☙❧

जिसे उजालों की जुस्तजू हो उसे ठहरना कहाँ गवारा
ये वो सफ़र है कि जिसकी मंज़िल न ये किनारा न वो किनारा

अभी किसी सर्द मस्लहत[1] ने समेट रक्खे हैं पंख मेरे
हिसार[2] टूटेगा जब कभी ये मैं तोड़ लाऊंगा वो सितारा

कल उसके मुँह से निकल गया था वो मोम करता है पत्थरों को
सो आज उसका तवाफ़[3] करने निकल पड़ा है ये शहर सारा

अगर ये मिट्टी ही नम नहीं है तो फिर मुझे कोई ग़म नहीं है
मैं अपने दामन में चाहता था बस एक ख़ुश्बू का इस्तिआरा[4]

ये ख़ौफ़ क्या मुझ से छीन लेगा वो मशग़्ला[5] अक्स देखने का
कि आईना ही न माँग बैठे गई शबों[6] का हिसाब सारा

---

1. राय, नीति 2. घेरा 3. परिक्रमा 4. रूपक 5. काम (मन बहलाने का काम) 6. रातें

☙❧

हैरत है ख़ाली हाथ हवा क्यूं गुज़र गई
ख़ुश्बू किसी मक़ाम पे कैसे ठहर गई

पेशानियों[1] के चाँद कहाँ छोड़ आए हम
सीनों की रौशनी तो हरीफ़ों[2] के घर गई

ताज़ा रुतों के हाथ में क्या सौंप जाएगी
वो ज़िन्दगी जो ख़्वाब-सरा[3] में गुज़र गई

अल्लाह ये भी तेरे करम की है इक मिसाल
सज्दा तवील[4] हो गया और शब गुज़र गई

इक दूसरे का दर्द जहाँ बाँटते थे लोग
अब किस से पूछिये कि वो दुनिया किधर गई

---

1. माथा 2. दुश्मन, विरोधी 3. सोने का कमरा 4. लम्बा

ॐ

दर्द था दिल में मगर दर्द में शिद्दत[1] कम थी
अब ये जाना कि तिरी याद से निस्बत कम थी

किस लिए छीन लिया तूने ग़ज़ालों[2] का सुकूँ
इस ख़राबे[3] के लिए क्या मिरी वहशत[4] कम थी

वैसे भी इससे कोई रब्त[5] न रक्खा मैंने
यूँ भी दुनिया में कशिश तेरी बनिस्बत[6] कम थी

तेरे किरदार को इतना तो शरफ़[7] हासिल है
तू नहीं था तो कहानी में हक़ीक़त कम थी

हम तो उस वक़्त भी रौशन थे किसी गोशे[8] में
जब ज़माने को चराग़ों की ज़रूरत कम थी

---

1. तेज़ी, तीव्रता 2. हिरण 3. वीराना 4. डर 5. सम्बन्ध 6. मुक़ाबले में (In comparision)
7. सम्मान, श्रेष्ठता 8. कोना

ॐ

किसी को फ़ुर्सत नहीं कि सोचे ख़मोशियों का जहान क्या है
यहाँ किसी से न पूछ लेना कि आँसुओं की ज़बान क्या है

उन्हें ख़बर दो ख़लाओं[1] में साँस ले रहा है नया ज़माना
जो लोग अभी तक ये सोचते हैं यक़ीन क्या है गुमान क्या है

जहाँ ख़मोशी के दायरे से गुरेज़[2] करना गुनाह ठहरे
वहाँ हमारी ज़बान क्या है वहाँ तुम्हारा बयान क्या है

ग़ज़ब है दस्त-ए-दुआ[3] को भी अब ये लोग कश्कोल[4] जानते हैं
इन्हें ख़बर ही नहीं है शायद कि हम फ़क़ीरों की शान क्या है

ऐ वक़्त के बेपनाह सहरा हवा-ए-बेख़ौफ़ की नज़र में
नहीं है तेरी भी कोई क़ीमत तो फिर मिरा ही निशान क्या है

---

1. अंतरिक्ष 2. बचाव, उपेक्षा 3. दुआ के लिए उठा हुआ हाथ 4. भिक्षापात्र

❧✦❧

दिल पर लगी जो ठेस कभी टूट जाएँगे
पत्थर हैं क्या जो आँख में आँसू न आएँगे

मज्जूब-ए-ग़म[1] हैं ताब-ए-मसर्रत[2] न लाएँगे
आँखें छलक उठेंगी अगर मुस्कुराएँगे

हम को हिना की तरह हथेली में क़ैद रख
ख़ुश्बू हैं खो गए तो पलट कर न आएँगे

ये ख़ुद-कलामियों[3] का तसव्वुर जो मिट गया
भीगी हुई कहानियाँ किस को सुनाएँगे

बैठोगे पर[4] समेट के जब शाम के क़रीब
ये रतजगे ये लोग बहुत याद आएँगे

---

1. दुख में डूबा हुआ 2. ख़ुशी की बर्दाश्त 3. ख़ुद से बोलना 4. पंख

☙❧

कोहरा छटा जो आँख से थे बेअमान[1] हम
मक़्तल[2] था जिसको समझे थे अपना मकान हम

अब क्या बताएँ धूप से महफ़ूज़[3] भी नहीं
कहने को सर पे रखते हैं इक सायबान हम

ऐसा नहीं कि हक़ में न था रंग-ए-आसमाँ
ला-सम्तियत[4] के ख़ौफ़ से भूले उड़ान हम

ऐ ना-शनास[5] भीड़ कोई बद-दुआ ही दे
कब से खड़े हुए हैं तिरे दरमियान हम

क्या ख़्वाब था कि पाँव ज़मीं पर न रह सके
क्या ख़ौफ़ था कि छू न सके आसमान हम

---

1. असुरक्षित 2. कत्लगाह 3. सुरक्षित 4. दिशाहीनता 5. जो घुल-मिल न सके (अपरिचित)

॰৵৹

दस्तक की शर्त क्यूं हो तिलिस्म-ए-सदा[1] है क्या
सन्नाटा तोड़ जाए तो पत्थर बुरा है क्या

औरों का दर्द बाँट कि अपना तवाफ़[2] कर
परछाइयों के बीच खड़ा सोचता है क्या

ख़ुशबू के इस हिसार[3] में काँटों का ज़िक्र क्यूं
बैठे हो दोस्तों में तो फ़िक्र-ए-अना[4] है क्या

तुम ने भी मेरे यार अजब आस बाँध ली
परछाइयों का शहर किसी का हुआ है क्या

ये रौशनी के फूल यहाँ कैसे खिल गए
ज़िन्दाँ[5] में आज कोई दरीचा खुला है क्या

---

1. आवाज़ का जादू 2. परिक्रमा 3. दायरा, घेरा 4. अहंकार की चिंता 5. क़ैदख़ाना

ॐ

ख़ुशी मना रहा था मैं भंवर में पैर उतार के
किनारे याद आ गए बस एक पल गुज़ार के

ख़ुलूस[1] है तो बैठ जा मिरी घुटन के साए में
दिखा रहा है क्यूं मुझे ये रास्ते फ़रार[2] के

सदाक़तें[3] पसन्द हैं तो ख़ुद से भी उलझ कभी
उठाए फिर रहा है क्यूं ये फ़लसफ़े उधार के

ये रास्ता है आज भी तिरी सदा[4] का मुन्तज़िर[5]
अगर तुझे यक़ीं न हो तो देख ले पुकार के

है इस ज़मीं की गोद में अजीब सा ख़ुमार क्यूं
खिले थे फूल क्या कभी यहाँ किसी के प्यार के

---

1. निश्छलता 2. पलायन 3. सच्चाइयाँ 4. आवाज़ 5. प्रतीक्षा करने वाला

꧁꧂

तुम थे जब तक तो ये गुमान भी था
इस ज़मीं पर इक आसमान भी था

धूप के हमसफ़र को क्या मालूम
राह में कोई सायबान भी था

रास्ता ही फ़क़त न था दुश्वार
हर क़दम पर इक इम्तिहान भी था

इन्हीं वीरान मंज़रों में कहीं
एक फूलों का सायबान भी था

इतनी ख़ामोशियाँ न थीं पहले
इस ख़राबे[1] में इक मकान भी था

हम तो मजबूर ही समझते थे
हाय वो शख़्स बेज़बान भी था

---

1. वीराना

॥

रास्ता भूल गया एक सितारा अपना
चाँद ने बंद किया जब से दरीचा[1] अपना

रोज़ आईना दिखाती है ज़माने भर को
ज़िन्दगी देख ले तू भी कभी चेहरा अपना

अक्स तेरा कभी ओझल हो अगर मंज़र से
आईना ढूँडता रह जाए उजाला अपना

सोचता हूँ तिरी तस्वीर दिखा दूँ उसको
रौशनी ने कभी साया नहीं देखा अपना

ये सुलगता हुआ सहरा है निशानी उसकी
रास्ता भूल गया था कोई दरिया अपना

---

1. खिड़की

৯০৫

वो रौशनी से आज कल ख़फ़ा तो है
अजब सही ये ज़ाविया[1] नया तो है

मैं आईने को देखकर डरा तो हूँ
कभी-कभी ये हादसा हुआ तो है

तमाशा बन के रह गया हूँ मैं तो क्या
बहुत दिनों के बाद वो हँसा तो है

सदाओं से हैं मुनहरिफ़[2] तुम्हारे लब
तो क्या कहूँ कि मैंने कुछ सुना तो है

चलो कहीं तो ज़िन्दगी दिखाई दी
वो दूर इक चराग़ सा जला तो है

---

1. कोण 2. विमुख, बाग़ी

❧

तमाम मंज़र धुआँ-धुआँ है
नए चराग़ों का इम्तिहाँ है

ये भीड़ पत्थर की हो न जाए
न पूछ लेना किधर रवाँ है

हवाएँ चलती हैं उसके दर से
वही चराग़ों का पासबाँ[1] है

हमें अकेला समझने वालो
हमारे सर पर भी आसमाँ है

मुझे यक़ीं है वो बोल उठेगा
मैं जानता हूँ वो बे-ज़बाँ है

---

1. हिफ़ाज़त करने वाला, रक्षक

॥ॐ॥

पर फैलाए डोल रही है बस्ती-बस्ती ख़ामोशी
सतरंगे सपने बुनते हैं मैं और मेरी ख़ामोशी

तुम शहरों के भीड़ भरे बाज़ारों के रसिया ठहरे
तुम क्या जानो खलियानों की सोंधी-सोंधी ख़ामोशी

बीती रुत के प्यासे लम्हे झाँक रहे थे आँखों से
दोनों चुप थे बोल रही थी भीगी-भीगी ख़ामोशी

गाँव की उस पगडंडी पर हम अपना सब कुछ छोड़ आए
वो पूनम का चाँद वो तारे और वो गहरी ख़ामोशी

कौन किसी के अंदर झांके इतनी फ़ुर्सत किसके पास
अपना अपना दुख है सब का अपनी अपनी ख़ामोशी

॥ॐ॥

जब जब धरती गहने पहना करती है
वस्ल[1] की ख़्वाहिश पर फैलाया करती है

बूढ़े मंज़र ढलता चेहरा सहमे लोग
आँख भी कितना बोझ उठाया करती है

इश्क़ में आख़िर पोशीदा[2] है क्या तासीर
जो जीने की ख़्वाहिश पैदा करती है

दूर-अंदेशी[3] तकती है दीवारों को
रक़्स[4] की ख़्वाहिश सावन मांगा करती है

याद-ए-याराँ मौज-ए-तूफाँ है 'अशहर'
अच्छे ख़ासे घर को सहरा करती है

---

1. मिलन 2. गुप्त 3. दूरदर्शिता 4. नृत्य 5. दोस्तों की याद 6. तूफ़ान की लहर

৸৹৶

मुहब्बतों का दर्द भी कहाँ सभी को रास है
ये चाँदनी तो दोस्तो किसी किसी के पास है

बना रहा है किस लिए ये आँसुओं का दायरा
तराश कोई क़हक़हा कि ये सदी उदास है

किरन-किरन समेट कर वो माहताब[1] हो गया
चलो ये राज़ तो खुला कि वो सुख़न-शनास[2] है

ये किस के इश्तिराक[3] ने मिरी सदा[4] बुलंद की
मिरे सिवा हुजूम में ये कौन बदहवास[5] है

तकान के सुरूर की मुझे कोई तलब नहीं
अभी मिरी तलाश को नए सफ़र की प्यास है

---

1. चाँद 2. शायरी का पारखी 3. भागीदारी 4. आवाज़ 5. परेशान, व्याकुल

☙

बिखर जाता मगर तन्हा न होता
कम अज़ कम आईना रुस्वा न होता

अगर आती मुझे भी ख़ुदनुमाई[1]
तो क्या मैं भीड़ में तन्हा न होता

न होता ख़र्च मुझ पर लफ़्ज़ कोई
बुरा क्या था जो मैं अच्छा न होता

मुसीबत बन गया ख़ामोश रहना
जो कुछ कहते तो यूँ चर्चा न होता

तिरी ख़ुश्बू सफ़र में फिर भी रहती
मिरा क्या ज़िक्र मैं होता न होता

---

1. आत्म-प्रदर्शन, दिखावा

꧁꧂

हर घड़ी सब्र-आज़मा[1] चाहूँ
क़ुर्बतों में भी फ़ासला चाहूँ

तुम हिफ़ाज़त करोगे क्या मेरी
मैं अगर ख़ुद ही टूटना चाहूँ

मुनहरिफ़[2] हैं समाअतें[3] मुझ से
फिर भी होटों पे इक सदा[4] चाहूँ

कोई भी लफ़्ज़ मेरा साथ न दे
फिर भी उसको पुकारना चाहूँ

अपनी आवाज़ भी गराँ[5] गुज़रे
इतनी शिद्दत से सोचना चाहूँ

---

1. धैर्य को आज़माने वाली 2. बाग़ी, विमुख 3. श्रवण-शक्तियाँ 4. आवाज़ 5. बोझिल, नागवार

๙๕

महकते वादों की पुरवाई प्यार की ख़ुशबू
कभी इधर से भी गुज़रे बहार की ख़ुशबू

न जाने कौन सा रिश्ता है उस गली से मिरा
बुला रही है मुझे किसके प्यार की ख़ुशबू

ये इक चराग़ है बुझने न दीजिए इसको
सभी को मिलती नहीं इंतिज़ार की ख़ुशबू

तलाश करती हैं ख़्वाबों की तितलियाँ उसको
जिसे नसीब हो माँ के दुलार की ख़ुशबू

ये घर है मेरा मगर इसके गोशे-गोशे[1] में
बसी हुई है तिरे इख़्तियार की ख़ुशबू

---

1. कोना

୭୧

चूर है दिल का आईना बाबा
फिर भी कहते हो मुस्कुरा बाबा

शोर ही शोर है यहाँ हर सू[1]
बेसदा है हर इक सदा बाबा

रौशनी थी तो कौन से ख़ुश थे
है अंधेरा तो क्या हुआ बाबा

बस मुसाफ़िर बदलते जाएँगे
ख़त्म होगा न रास्ता बाबा

जीते जी किसको मिल सका है यहाँ
आबला-पाई[2] का सिला बाबा

---

1. ओर 2. पाँव में छाले पड़े होना

ॐ

अमीर-ए-शहर[1] के घर में बड़ा उजाला है
न जाने कौन सा तूफ़ान आने वाला है

हमारी रूह में ये चाँदनी खिली कैसे
हमें तो वक़्त की तारीकियों[2] ने पाला है

दुल्हन[3] बना दिया ये किसने दश्त[4] को आख़िर
तलाश कीजिए पैरों में किस के छाला है

ये फूल-फूल सा लहजा संभाल कर रखिए
यहाँ तो ऊँची सदाओं का बोल-बाला है

तिरे ख़याल से रौशन है मेरी तन्हाई
कहाँ चराग़ जला है कहाँ उजाला है

---

1. शासक 2. अंधेरे 3. दुल्हन को उर्दू शायरी में दुलन के वज़्न पर बांधा जाता है 4. वन, जंगल

॥श्री॥

ख़्वाहिशों का जाल ज़िन्दगी
है अजब सवाल ज़िन्दगी

मस्अलों की भीड़ मत लगा
कोई हल निकाल ज़िन्दगी

हम सा बेनियाज़[1] कौन है
दे कोई मिसाल ज़िन्दगी

हम हैं इक बिसात[2] की तरह
चल रही है चाल ज़िन्दगी

सच तो ये कि तू ही ज़ख़्म है
तू ही इंदिमाल[3] ज़िन्दगी

---

1. बे-ग़रज़, इच्छा रहित 2. शतरंज खेलने का कपड़ा या तख़्ता 3. ज़ख़्म का भरना

೭೦೧೭

इस बार भटकने का इम्कान[1] ज़ियादा है
इस बार इरादों की पहचान ज़ियादा है

आवारा मिज़ाजों को समझाए कोई कैसे
शीशों के मुक़द्दर में नुक़सान ज़ियादा है

फूलों की हिफ़ाज़त की तदबीर नहीं कोई
ख़ुश्बू की तिजारत का सामान ज़ियादा है

डरता हूँ चराग़ों की फ़ितरत न बदल जाए
उस घर को उजालों का अरमान ज़ियादा है

लहजों में सदाक़त[2] की तासीर नहीं 'अशहर'
मिट्टी की मुहब्बत का ऐलान ज़ियादा है

---

1. सम्भावना 2. सच्चाई

৪৩

रौशनी हो तो फिर बिखर जाओ
ये जसारत[1] नहीं तो मर जाओ

जिस तरफ़ जा रही है ये दुनिया
क्या ज़रूरी है तुम उधर जाओ

कोई आसान रास्ता ढूँडो
कोई दुश्वार काम कर जाओ

आईनों को बदल सको न अगर
पत्थरों को तो मोम कर जाओ

ये तअल्लुक़ है या सज़ा है कोई
मैं वहाँ जाऊँ तुम जिधर जाओ

---

1. हिम्मत, दिलेरी

❧

किस की ख़ुशबू से हैं महके हुए दिन रात मिरे
ऐ हवा तेरे सिवा भी है कोई साथ मिरे

मेरी तन्हाइयाँ ख़ुशबू के फ़साने लिखतीं
तेरी परछाईं भी छू लेते अगर हाथ मिरे

मुझ को क़िस्तों में समझने की ज़रूरत ही नहीं
मेरी पेशानी पे रौशन हैं ख़यालात मिरे

याद करता हूँ तो एहसास महक जाता है
इक हसीं फूल ने चूमे थे कभी हाथ मिरे

सोचता रहता हूँ ये तेरी दुआएँ तो नहीं
इक उजाला सा जो रहता है सदा साथ मिरे

☙❧

जो तीरगी[1] के हक़[2] में है उसी हवा का साथ है
कोई नया चराग़ अब जला सको तो बात है

न जाने तुमने सुब्ह का क़सीदा कैसे लिख लिया
यहाँ तो कल भी रात थी यहाँ तो अब भी रात है

ये ख़ुशबुओं के शहर की रिवायतें भी ख़ूब हैं
बिखर गए तो जीत है सिमट गए तो मात है

हिसार-ए-ऐतबार[3] में न अक्स है न आईना
ये कैसा इंक़िलाब है ये कैसी वारदात[4] है

जो ख़ुद को इस हुजूम[5] में शुमार ही न कीजिए
सुकून ही सुकून है निजात[6] ही निजात है

---

1. अंधेरा 2. पक्ष 3. भरोसे का दायरा 4. वाक़िआ (घटित होने वाली घटना) 5. भीड़ 6. मुक्ति

ठहरता है वही तारा फ़लक पर
भरोसा हो जिसे अपनी चमक पर

इसे कहते हैं रोने का सलीक़ा
कि इक आँसू नहीं आया पलक पर

हुए हैं जब से मेरे फूल बाग़ी
नज़र रखता हूँ शाख़ों की लचक पर

जो आया ज़ख़्म पर मरहम लगाने
वही ईमान ले आया नमक पर

ये बादल भी मुसव्विर[1] हो गए हैं
तिरा चेहरा बनाते हैं फ़लक पर

---

1. चित्रकार

ॐ

ख़याल-ओ-ख़्वाब से उसका असर जुदा न हुआ
वो दूर हो गया मुझ से मगर जुदा न हुआ

दिलों को बाँट न पाई ज़मीन की तक़्सीम[1]
जड़ों से अपनी कोई भी शजर जुदा न हुआ

जदीद[2] शहरों में आबाद हो गए हम लोग
मगर दिलों से वो मिट्टी का घर जुदा न हुआ

अजब ख़ुलूस[3] के क़ायल हमारे ग़म निकले
जो एक बार मिला उम्र भर जुदा न हुआ

नसीब वालों को मिलता है ऐसा दुश्मन भी
बिखर के रह गया ज़ालिम मगर जुदा न हुआ

---

1. विभाजन 2. आधुनिक 3. निश्छलता

॥ॐ॥

नज़र मिला न सका ताक़ की सियाही से
मैं बाख़बर[1] था चराग़ों की बेगुनाही से

यही तो सोच के ख़ुद से मुसालहत[2] कर ली
मैं क्या लड़ूँ किसी हारे हुए सिपाही से

मनाओ शुक्र कि आँखें कलाम करने लगीं
निजात मिल गई लफ़्ज़ों की बादशाही से

नसीहतों ने दिवाना बना दिया मुझ को
ख़ुदा बचाए ज़माने की ख़ैर-ख़्वाही[3] से

मैं उन दियों की तड़प को ग़ज़ल बनाता हूँ
जो बुझ गए हैं ज़माने की कम-निगाही[4] से

---

1. जानकार 2. समझौता 3. शुभचिन्तन 4. उपेक्षा

ॐ

अज़ाब ख़त्म हुआ ख़ुद को आज़माने का
मज़ा न पूछिये अंदर से टूट जाने का

बुझा-बुझा नज़र आने लगा चराग़-ए-दिल
जुनून ख़त्म हुआ रौशनी लुटाने का

तिरे ही नूर से चमका ये आईनाख़ाना[1]
मुझे शऊर न था दिल को दिल बनाने का

हरे हुए जो मिरे ज़ख़्म तो हुआ मालूम
ग़ज़ल भी एक वसीला[2] है दिल दुखाने का

यही कि ख़ुद को फ़रामोश कर दिया जाए
बस इक जवाज़[3] बचा है उसे भुलाने का

---

1. वो जगह जहाँ चारों तरफ़ आईने ही आईने हों 2. माध्यम, ज़रिया 3. औचित्य

৩৯

तेरी ज़ुल्फ़ों की जहाँ बात निकल आती है
धूप की ओट से बरसात निकल आती है

हंसते-हंसते छलक उठती हैं ये कमबख़्त आँखें
बातों-बातों में तिरी बात निकल आती है

दिल की मिट्टी से ज़ियादा नहीं कुछ भी ज़रख़ेज़[1]
जब कुरेदो कोई सौग़ात निकल आती है

याद करता हूँ तो याद आती हैं कितनी बातें
और हर बात से इक बात निकल आती है

देर तक रहता है यादों पे धुंधलका तारी[2]
फिर सितारों भरी इक रात निकल आती है

लुट चुका ख़ाना-ए-दिल फिर भी किसी गोशे[3] से
रतजगों के लिए ख़ैरात[4] निकल आती है

---

1. जो सोना उगले 2. छाया हुआ 3. कोना 4. धर्मदान (यहाँ दान के मानी में इस्तेमाल किया गया है)

अलग न होंगे ये किरदार दास्ताँ से कभी
अज़ीम लोग गुज़रते नहीं जहाँ से कभी

चमकने लगते हैं आँखों में आँसुओं की तरह
सितारे टूट भी जाएँ जो आस्माँ से कभी

बसे हुए हैं तिरे लफ़्ज़ मेरे लहजे में
जो तल्ख़[1] बात निकलती नहीं ज़बाँ से कभी

मैं तेरी ख़ूबियाँ लफ़्ज़ों में किस तरह ढालूँ
ये हक़ अदा नहीं होता मिरे बयाँ से कभी

बिछड़ने वालों में उसका शुमार कैसे हो
वो आदमी तो गया ही नहीं यहाँ से कभी

---

1. कड़वा

॥॰॥

बेचराग़ रातों में याद आने वाला तू
धूप की तरह मुझ में फैल जाने वाला तू

रात के पिघलते ही ख़ुश्बुओं के लहजे में
सब्ज़-सब्ज़ शाख़ों पर मुस्कुराने वाला तू

उस तरफ़ हवाओं की शोख़ियों में पोशीदा[1]
इस तरफ़ चराग़ों की लौ बढ़ाने वाला तू

पत्थरों की सुहबत का एक दिन अता करके
आईना-मिज़ाजों को आज़माने वाला तू

ज़िन्दगी के मेले में खोने वाले सब साथी
आख़िरी किनारे तक साथ जाने वाला तू

---

1. छुपा हुआ

☙❧

लबों को तश्बीह[1] दूँ कली से बदन को खिलता गुलाब लिक्खूँ
मैं ख़ुश्बुओं की ज़बाँ समझ लूँ तो उसके ख़त का जवाब लिक्खूँ

ग़ज़ल के लहजे से रूठ जाएँ तो चिट्ठियाँ कितनी बेमज़ा हों
न वो मुझे आफ़ताब[2] समझे न मैं उसे माहताब[3] लिक्खूँ

इन्हीं चराग़ों की रौशनी में सिंगार करती हैं मेरी ग़ज़लें
तुम्हारी आँखों के नाम लिक्खूँ तो बस यही इंतिसाब[4] लिक्खूँ

कुछ ऐसे लफ़्ज़ों का हूँ सवाली जो इश्क़ करने का हौसला दें
मिरे ख़ुदा शायरी में कब तक मैं नफ़रतों का हिसाब लिक्खूँ

---

1. उपमा 2. सूरज 3. चाँद 4. समर्पण

ॐ

हमसे बिछड़ कर पूछते हो अब ख़्वाबों का अफ़साना क्या
शाख़ों से बिछड़ी कलियों का खिलना क्या मुरझाना क्या

क़िस्मत के लिक्खे पर रोया फिर से वो दीवाना क्या
होटों तक आकर टूटा है फिर कोई पैमाना क्या

दुनिया एक सराय है तो फिर ये रिश्तेदारी क्यूँ
ख़ुशियाँ बांटने निकले हो तो अपना क्या बेगाना क्या

किस की सदा-ए-मस्ताना[1] ने ये सन्नाटा तोड़ा है
आन बसा है इस बस्ती में फिर कोई दीवाना क्या

---

1. वो आवाज़ जिससे बेख़ुदी और निडरता ज़ाहिर हो

৯৫৯

ये बात अलग है कि तुम न बदलो मगर ज़माना बदल रहा है
गुलाब पत्थर पे खिल रहे हैं चराग़ आँधी में जल रहा है

अब इन पुरानी इमारतों के क़सीदे लिखने से फ़ायदा क्या
नए चराग़ों को हौसला दो कि वक़्त करवट बदल रहा है

किसी दिवाने से कम नहीं है ये मेरे अंदर का आदमी भी
इधर मैं फूलों की छाँव में हूँ उधर वो काँटों पे चल रहा है

अभी न लिखना कि रौशनी की निशानियाँ ख़त्म हो चुकी हैं
वो दूर बादल की ओट से फिर कोई सितारा निकल रहा है

॥ॐॐ॥

ग़लत है क्या जो हवा-ए-ताज़ा से थोड़ी इमदाद[1] चाहते हैं
हम अपने हिस्से की सरज़मीं[2] को घुटन से आज़ाद चाहते हैं

सदा-ए-मातम[3] तो रोज़ उभरे कि उनको तस्कीन[4] हो मयस्सर[5]
सदा-ए-ज़ंजीर[6] कोई उभरे कहाँ ये सय्याद[7] चाहते हैं

चलो हम अपनी हथेलियों को बनाके फ़ानूस[8] घर से निकलें
हवा का लहजा बता रहा है चराग़ इमदाद चाहते हैं

---

1. मदद 2. ज़मीन, ज़मीन का कोई हिस्सा, देश 3. विलाप की आवाज़ 4. सुकून, चैन 5. हासिल
6. ज़ंजीर की आवाज़ (विरोध का रूपक) 7. शिकारी (ज़ालिम शासक) 8. चराग़ की हिफ़ाज़त
करने वाले शीशे

৩৩

हर घड़ी मल्हूज़[1] रक्खा इश्क़ के आदाब को
मैंने जी भर कर नहीं देखा कभी महताब[2] को

कुछ ज़ियादा ही धड़कता है तुम्हारे सामने
ये जुनूँ किस ने सिखाया है दिल-ए-बेताब को

घर से यूँ निकला न कर हँसती हुई आँखें लिए
बदनज़र लग जाएगी तेरे सुनहरे ख़्वाब को

---

1. ध्यान में रखना 2. चाँद (महबूब)

☙❧

रखता है आईना कहाँ ताब[1] मिरे जमाल[2] की
होती है मुझ में जब तुलू[3] धूप तिरे ख़याल की

आज हमारे इश्क़ को दर्द ने मुस्तनद[4] किया
आज तलब ही छोड़ दी ज़ख़्म ने इंदिमाल[5] की

काश ये साहिब-ए-कमाल[6] दे न सकें कोई मिसाल
एक मिरे जुनून की एक तिरे जमाल की

---

1. ताक़त, धैर्य 2. सौंदर्य 3. उदय 4. प्रमाणित 5. उपचार (ज़ख़्म का भर जाना) 6. गुणवान

शे'र

यही जुनून यही एक ख़्वाब मेरा है
वहाँ चराग़ जला दूँ जहाँ अंधेरा है

तिरी रज़ा[1] भी तो शामिल थी मेरे बुझने में
मैं जल उठा हूँ तो ये भी कमाल तेरा है

---

1. इच्छा

मुतफ़र्रिक़ अशआर

एक भी कार-ए-नुमायाँ[1] नहीं लिखता मेरा
किसका क़ब्ज़ा है मुअर्रिख़[2] तिरी बीनाई[3] पर

❖

इक ज़माना था कि जब लहजा पिघलता ही न था
आज आँखों को छलकने का बहाना चाहिये

❖

तुमने कोशिश तो बहुत की फिर भी मैं टूटा नहीं
या तो तुम पत्थर नहीं या मैं ही आईना नहीं

❖

किसी को काँटों से चोट पहुँची किसी को फूलों ने मार डाला
जो इस मुसीबत से बच गए थे उन्हें उसूलों ने मार डाला

❖

ये कैसे दस्तूर[4] हैं चमन में जो बस हमारे लिए बने हैं
है आशियानों पे हक़ तुम्हारा क़फ़स हमारे लिए बने हैं

❖

कभी उजालों की सम्त माइल[5] कभी अंधेरों में खो रहा हूँ
तुझे बिखरने से क्या बचाऊँ मैं ख़ुद भी तक़्सीम हो रहा हूँ

---

1. विशिष्ट कार्य 2. इतिहासकार 3. दृष्टि, नज़र, 4. नियम 5. आकर्षित

नज़्में और गीत

उर्दू है मेरा नाम

उर्दू है मिरा नाम मैं ख़ुसरो की पहेली
मैं मीर की हमराज़ हूँ ग़ालिब की सहेली

दक्कन के वली ने मुझे गोदी में खिलाया
सौदा के क़सीदों ने मिरा हुस्न बढ़ाया
है मीर की अज़मत कि मुझे चलना सिखाया
मैं दाग़ के आँगन में खिली बन के चमेली

उर्दू है मिरा नाम मैं ख़ुसरो की पहेली

ग़ालिब ने बुलंदी का सफ़र मुझ को सिखाया
हाली ने मुरव्वत का सबक़ याद दिलाया
इक़बाल ने आईना-ए-हक़ मुझ को दिखाया
मोमिन ने सजाई मिरे ख़्वाबों की हवेली

उर्दू है मिरा नाम मैं ख़ुसरो की पहेली

है ज़ौक़ की अज़मत कि दिए मुझको सहारे
चकबस्त की उल्फ़त ने मिरे ख़्वाब संवारे
फ़ानी ने सजाए मिरी पल्कों पे सितारे
अकबर[1] ने रचाई मिरी बेरंग हथेली

उर्दू है मिरा नाम मैं ख़ुसरो की पहेली

---

1. अकबर इलाहाबादी

क्यूँ मुझको बनाते हो तअस्सुब[1] का निशाना
मैंने तो कभी ख़ुद को मुसलमां नहीं माना
देखा था कभी मैंने भी ख़ुशियों का ज़माना
अपने ही वतन में हूँ मगर आज अकेली

उर्दू है मिरा नाम मैं ख़ुसरो की पहेली

---

1. पक्षपात

ज़मानत[1]

मुद्दतों बाद शहर-ए-अमरोहा
मैं गुज़रता हूँ तेरी गलियों से
ख़ुद को दोहरा रही है फिर तारीख़
फिर ये महसूस हो रहा है मुझे
कच्चे-पक्के से इन मकानों के
कुछ दर-ओ-बाम[2] मुझ से पूछेंगे
कितनी आँखें हैं मुंतज़िर तेरी
क्या हवा तुझ को ये बताती नहीं
शहर-दर-शहर घूमने वाले
क्या तुझे घर की याद आती नहीं
कुछ दर-ओ-बाम मुझ से पूछेंगे
और फिर मैं सदा-सदा की तरह
ताब-ए-इज़हार[3] ला न पाऊँगा
बस ये कहकर कि लौट आऊँगा
दिल ज़मानत के तौर पर अपना
इन्हीं गलियों में छोड़ जाऊँगा

---

1. ज़िम्मेदारी, ज़िम्मेदारी के समय जमा की गई रकम 2. दीवारें और छतें 3. कहने की ताक़त

इब्नुल-वक़्त[1]

सुना है
कि जब हमने सम्त-ए-सफ़र[2] का तअय्युन[3] किया था
तो उसने कहा था
कि ये सरफिरे किस तरफ़ जा रहे हैं
जहाँ मंज़िलों का गुमाँ तक नहीं है
कि हद्द-ए-नज़र तक
कहीं रौशनी का निशाँ तक नहीं है
हुआ यूँ...
कि जब हमने
अंधे समन्दर में रस्ता बनाया
तो पहला क़सीदा वही लिख के लाया
जो ये कह रहा था
कि ये सरफिरे किस तरफ़ जा रहे हैं

---

1. मौक़ा-परस्त 2. सफ़र की दिशा 3. निर्धारण

तीसरी आँख

नन्हे-नन्हे हाथों से
होटल की दीवार पे लटका दर्पण टूट गया
कुर्सी पर बैठे चेहरे ने शोले पहन लिये
नन्ही-नन्ही आँखों में दो आँसू चमके
मैंने सोचा
दर्पण तो अब टूटा है!!!

स्लो पॉयज़न

(मंटो की नज़्म)

छोटे-छोटे से इन मकानों के
तंग-ओ-तारीक[1] बंद कमरों में
सर्द जज़्बात के भड़कते ही
दो दिये देर तक सुलगते हैं
और पहलू में सोए फूलों को
नंगी आवाज़ें डसती रहती हैं!!

---

1. छोटे और अंधकारमय

ग्लोबल वार्मिंग

रफ़्ता-रफ़्ता
बर्फ़ पिघलती जाती है
धीरे-धीरे
सागर की तुग़यानी[1] बढ़ती जाती है
कोई किनारा टूट चुका है
कोई किनारा टूट रहा है
रफ़्ता-रफ़्ता
पेड़ों की छाँव सिमटती जाती है
दूर उफ़ुक़[2] पर
ख़्वाबीदा[3] सूरज की
नींद उचटती जाती है
धीरे-धीरे बर्फ़ पिघलती जाती है
आओ हम सब ऐसा करें कुछ
सूरज का लहजा मद्धम हो जाए
जलता हुआ हर पेड़ ज़रा सा नम हो जाए

---

1. पानी का हद से अधिक बढ़ जाना 2. क्षितिज 3. सोया हुआ

नुमाइश

हमें मालूम होता है

हमें अच्छी तरह मालूम होता है

कि कोई धीरे-धीरे थोड़ा-थोड़ा मर रहा है

हमें बस ये नहीं मालूम हो पाता

कि किस दिन और किस लम्हे

मुकम्मल मौत वाक़े़[1] उसकी होगी

बता देता है हमको मुज़महिल[2] सा जिस्म उसका

और थकी हारी हुई आँखें भी कहती हैं

अनासिर[3] की कहीं तरतीब बिखरी जा रही है

किसी दिन ग़म-गुसारी[4] का ख़याल आता नहीं हमको

हम उसके रोने को ग़म-परवरी[5] के नाम से ताबीर[6] करते हैं

और इस अफ़सुर्दगी[7] की दूर तक तशहीर[8] करते हैं

किसी दुखड़े पे भी उसके

हमारी आँख इक पल के लिए भी नम नहीं होती

हम अपने सारे आँसू

उसके मातम के लिए महःफ़ूज़ रखते हैं

---

1. घटित 2. शिथिल 3. पंचतत्त्व 4. सहानुभूति 5. दुखों को पालना 6. परिभाषित 7. उदासीनता
8. ढिंढोरा

वसीयत[*]

मिरे बेटो मिरी उंगली न पकड़ो
मिरी ऐनक से दुनिया को न देखो
मिरे नक़्श-ए-क़दम पे ख़ाक डालो
मिरे रस्तों से रस्ता मत निकालो
मुहब्बत की अलग तफ़्सीर[1] लिक्खो
बुलन्दी की नई ताबीर[2] लिक्खो
मिरी ख़्वाहिश है तुम ये कर दिखाओ
चलो रफ़्तार कुछ अपनी बढ़ाओ
पिछड़ने का बहाना चाहता हूँ
इसी में जीत पोशीदा है मेरी
मैं तुम से हार जाना चाहता हूँ

---

* वारिस संबंधी लिखित आदेश 1. व्याख्या 2. परिभाषा

वृद्धाश्रम से एक बाप का ख़त बेटे के नाम

तुम मिरी फ़िक्र न करना हरगिज़

मैं बहुत ख़ुश हूँ बहुत ख़ुश हूँ यहाँ

बात करने के लिए पंछी हैं

दर्द कहने के लिए दीवारें

दर्द लिखने के लिए आँसू हैं

ख़ुदकलामी[1] के लिए तन्हाई

पहरेदारी के लिए साया है

कोई दुख है तो बस इतना कि यहाँ

फूल खिलते हैं मगर हँसते नहीं

रात आहिस्ता गुज़रती है बहुत

चाँद ग़मगीन[2] नज़र आता है

और सूरज के निकलने पर भी

सुब्ह धुंधली सी नज़र आती है

ख़ैर... ये रूह के आज़ार[3] हैं सब

जिस्म को कोई भी आज़ार नहीं

मुतमइन हैं मिरे चारागर[4] भी

वो भी कहते हैं मैं बीमार नहीं

तुम मिरी फ़िक्र न करना हरगिज़

मैं बहुत ख़ुश हूँ बहुत ख़ुश हूँ यहाँ

---

1. ख़ुद से बातें करना 2. दुखी 3. दुख, तकलीफ़ 4. चिकित्सक

फ़रिश्ता

तसव्वुर में

कभी वो डॉक्टर बन कर किसी की जाँ बचाता है

कभी इंजीनियर बन कर हमारे देश का नक़्शा बदलता है

किसी को देख ले रोता तो वो बन जाता है जोकर

ख़ुदा जाने बनेगा क्या बड़ा होकर

अभी इक रोज़ मुझ से पूछ बैठा था ''मसीहा किस को कहते हैं ?''

बड़ी मासूमियत से माजरा सुनकर वो फिर बोला

''जनाज़े[1] देख कर होता है दुख मुझको

तो क्या मैं इब्न-ए-मरियम[2] बन नहीं सकता ?''

वो शंकर की तरह विषपान करने का तमन्नाई

ज़माने भर को अमृत बांटता फिरता है सौदाई

ख़ुदाया[3] शुक्रिया तेरा

कि पहली बार मैंने इक फ़रिश्ते की ज़ियारत[4] की

बस इतनी सी गुज़ारिश है

कि इस मासूम के मासूम ख़्वाबों का भरम रखना

ये बच्चा हज़रत-ए-इंसाँ का असली रूप जब देखे

इसे साबित-क़दम[5] रखना

---

1. अर्थी 2. पैग़म्बर हज़रत ईसा की उपाधि जो हज़रत मरियम के बेटे थे और मृतक को ज़िन्दा कर देते थे 3. ऐ ख़ुदा 4. दर्शन 5. अडिग, दृढ़ निश्चय वाला

गीत

बिन साजन के सूना सारा गाँव
बिन चंदा के रात हो जैसे
बिन पायल के पाँव
बिन साजन के सूना सारा गाँव

जिसके साए में कटती थी अक्सर अपनी शाम
जिसकी छाल पे लिक्खे थे कल हमने अपने नाम
आ बंजारे तुझे पुकारे उस पीपल की छाँव
बिन साजन के सूना सारा गाँव

रुत चंचल है इक हलचल है फिर भी दिल वीरान
किन आँखों से देखी जाए सखियों की मुस्कान
आई बहारें ताना मारें छम छम करते पाँव
बिन साजन के सूना सारा गाँव

तुझ बिन मेरा हर दिन सूना सूनी हर इक रैन
पगडंडी को तकते तकते पत्थर हो गए नैन
कुछ तो संवरिया भेज ख़बरिया लौटेगा कब गाँव
बिन साजन के सूना सारा गाँव

ताजमहल

मैं वक़्त की दहलीज़ पे ठहरा हुआ पल हूँ
क़ायम है मिरी शान कि मैं ताजमहल हूँ

भूला है न भूलेगा कभी मुझको ज़माना
ज़िंदा है मिरे दम से मुहब्बत का फ़साना
जो दिल में उतर जाए वो रंगीन ग़ज़ल हूँ
मैं वक़्त की दहलीज़ पे ठहरा हुआ पल हूँ
क़ायम है मिरी शान कि मैं ताजमहल हूँ

पत्थर की इमारत हूँ मगर मोम का दिल है
पूनम का हसीं चाँद मिरे गाल का तिल है
मुमताज़ की पाकीज़ा मुहब्बत का कंवल[1] हूँ
मैं वक़्त की दहलीज़ पे ठहरा हुआ पल हूँ
क़ायम है मिरी शान कि मैं ताजमहल हूँ

मैं अम्न का पैग़ाम मुहब्बत की निशानी
वो हुस्न हूँ ढलती ही नहीं जिसकी जवानी
ये किसने कहा तुम से कि गुज़रा हुआ कल हूँ
मैं वक़्त की दहलीज़ पे ठहरा हुआ पल हूँ
क़ायम है मिरी शान कि मैं ताजमहल हूँ

कब मैंने कहा मुझ को निगाहों में बसा लो
मुम्किन हो तो ज़हरीली हवाओं से बचा लो
दो चाहने वालों की तमन्नाओं का फल हूँ
मैं वक़्त की दहलीज़ पे ठहरा हुआ पल हूँ
क़ायम है मिरी शान कि मैं ताजमहल हूँ

---

1. कमल

माँ

लोरी कहीं गूंजे तो तिरी याद सताए
ऐ माँ तिरी ममता को कोई कैसे भुलाए

बच्चे के तड़पने की जो सुनती है सदा तू
सहरा में लगा लेती है ज़मज़म का पता तू
पाते हैं महक फूल तिरी छाँव के नीचे
कहते हैं कि जन्नत है तिरे पाँव के नीचे
किस तरह कोई तेरा बदल ढूँढ के लाए
ऐ माँ तिरी ममता को कोई कैसे भुलाए

ऐ माँ ये इनायत है तिरे हुस्न-ए-नज़र की
रहती है मुझे प्यास बुलंदी के सफ़र की
जब जब किसी बिखराव को महसूस किया है
तूने ही मिरे ज़हन को तरतीब दिया है
इक दीप बुझे मेरा तो सौ दीप जलाए
ऐ माँ तिरी ममता को कोई कैसे भुलाए

इक दिन भी कहाँ मैंने तिरा बोझ उठाया
तूने मुझे दो गाम[1] भी पैदल न चलाया
अफ़सोस कि ये फ़र्ज़ अदा कर नहीं पाया

---

1. क़दम

मैं दूध का भी क़र्ज़ अदा कर नहीं पाया
छाए हैं मिरे दिल पे इसी रंज के साए
ऐ माँ तिरी ममता को कोई कैसे भुलाए

था ज़र्रा-ए-नाचीज़[1] गुहर[2] तूने बनाया
यानी मुझे पौधे से शजर[3] तूने बनाया
होने न दिया मेरा तआरुफ़ किसी ग़म से
इक अश्क[4] छलकने न दिया दीदा-ए-नम से
मेरे लिए हँसते हुए सौ रंज उठाए
ऐ माँ तिरी ममता को कोई कैसे भुलाए

---

1. छोटा कण, तुच्छ 2. मोती 3. पेड़ 4. आँसू

गीत-1

एहसास में ख़ुशबू की तरह कौन बसा है कहीं तुम तो नहीं हो
तन्हाई की चिलमन में कोई चाँद छुपा है कहीं तुम तो नहीं हो

झरनों का तरन्नुम है कि फूलों की सदा[1] है
चिट्ठी है कि महके हुए मौसम की अदा है
ये किस की लरज़ती हुई पल्कों की दुआ है
ये किसने मिरा नाम सितारों से लिखा है कहीं तुम तो नहीं हो
एहसास में ख़ुशबू की तरह कौन बसा है कहीं तुम तो नहीं हो

साहिल हैं कि पुरनूर[2] सहर[3] भूल गए हैं
ग़ुंचे[4] हैं कि ख़ुशबू का सफ़र भूल गए हैं
तारे भी नुमाइश का हुनर भूल गए हैं
शरमाई हुई झील की आग़ोश[5] में क्या है कहीं तुम तो नहीं हो
एहसास में ख़ुशबू की तरह कौन बसा है कहीं तुम तो नहीं हो

खुलते ही न थे हम पे कभी राज़ ग़ज़ल के
ऐसे तो नहीं थे कभी अंदाज़ ग़ज़ल के
रंगीन हुए जाते हैं अल्फ़ाज़[6] ग़ज़ल के
ये कौन धनक बन के ख़यालों में छुपा है कहीं तुम तो नहीं हो
एहसास में ख़ुशबू की तरह कौन बसा है कहीं तुम तो नहीं हो

---

1. आवाज़ 2. चमकीली, उजली 3. सुबह 4. कलियाँ 5. गोद 6. शब्द (लफ़्ज़ का बहुवचन)

तन्हाई के महके हुए आलम[1] से भी पूछे

तारों से भी फूलों से भी शबनम[2] से भी पूछे

शरमाया हुआ चाँद कभी हम से भी पूछे

है कौन मुझे जान-ए-ग़ज़ल किसने कहा है कहीं तुम तो नहीं हो

एहसास में ख़ुश्बू की तरह कौन बसा है कहीं तुम तो नहीं हो

---

1. दशा (माहौल) 2. ओस

गीत-2

है नग़मा-सरा[1] कौन कि मन डोल रहा है
मालूम नहीं कौन ये रस घोल रहा है

ख़ामोश नज़ारों से कहो ख़ुद को संभालें
पल्कों के सितारों से कहो ख़ुद को संभालें
यादों के दरीचों[2] को कोई खोल रहा है
है नग़मा-सरा कौन कि मन डोल रहा है
मालूम नहीं कौन ये रस घोल रहा है

है कौन जिसे चाँद-किरन चूम रही है
क्या है कि जिसे सुन के हवा झूम रही है
ख़ुश्बू की ज़बाँ किसका बदन बोल रहा है
है नग़मा-सरा कौन कि मन डोल रहा है
मालूम नहीं कौन ये रस घोल रहा है

ऐ मेरी उदासी ये नई बात हुई है
होटों से तबस्सुम[3] की मुलाक़ात हुई है
और दिल है कि परवाज़[4] को पर तोल रहा है
है नग़मा-सरा कौन कि मन डोल रहा है
मालूम नहीं कौन ये रस घोल रहा है

---

1. सुरीली आवाज़ में गाने वाला 2. खिड़की 3. मुस्कान 4. उड़ान

फिर डूबते ख़्वाबों का सफ़ीना[1] हुआ रौशन
फिर चाँद की आहट से दरीचा हुआ रौशन
फिर मुझ से ख़यालों में कोई बोल रहा है
है नग़मा-सरा कौन कि मन डोल रहा है
मालूम नहीं कौन ये रस घोल रहा है

---

1. बेड़ा

गए दिनों की पुरानी दिल्ली

मीर-ओ-ग़ालिब के शहर दिल्ली में

इल्म-ओ-दानिश का जो मुजल्ला[1] था

कूचा चेलान का मुहल्ला था

जिसका माहौल शायराना था

जहाँ मोमिन का आशियाना था

ऐसे कुछ लोग थे वहाँ आबाद

जिनसे रौशन था शहजहानाबाद

नफ़्स-ए-अम्मारा[2] सर्द था जिसमें

मस्कन-ए-मीर दर्द[3] था जिसमें

हम उसी रौशनी में रहते थे

गली बारादरी में रहते थे

दर्द-ओ-सौदा के शहर दिल्ली में

मुत्तहिद[4] ख़ानदान थे पहले

क्या कुशादा[5] मकान थे पहले

सहन ऐसे सजाए जाते थे

पेड़-पौधे लगाए जाते थे

कैसे मेहमाँ-तलब[6] थे दस्तरख़्वान

बरकतों का सबब थे दस्तरख़्वान

ज़ेहन रौशन मिज़ाज सादा थे

---

1. पत्रिका (ज्ञान का केन्द्र) 2. बुराइयों की तरफ़ प्रवृत्त करने वाली मानसिक शक्ति 3. सूफ़ी शायर ख़्वाजा मीर दर्द का मकान 4. एकजुट 5. खुले-खुले 6. मेहमान के इच्छुक

ज़र्फ़ दिल की तरह कुशादा थे

लहजे लगते थे इत्रदानों से

फूल झड़ते थे जब ज़बानों से

ज़ौक़-ओ-मोमिन के शहर दिल्ली में

बड़े-बूढ़ों से इतना डरते थे

लोग छुप-छुप के इश्क़ करते थे

रंग भरते थे यूँ उमंगों में

बांधा करते थे ख़त पतंगों में

रोज़ वादा लिया तो जाता था

वस्ल[1] का दिन कभी न आता था

रतजगों में मज़ा ज़ियादा था

चाँद रौशन ज़रा ज़ियादा था

अपने अश्कों के इस्तिआरों[2] को

तकते रहते थे हम सितारों को

दाग़-ओ-बेख़ुद के शहर दिल्ली में

लोग रखते थे प्यास उर्दू की

थी घरों में मिठास उर्दू की

ख़त-निगारी[3] का था अजब उस्लूब[4]

उस पे अंदाज़े-ख़ुशख़ती[5] क्या ख़ूब

---

1. मिलन 2. रूपक 3. पत्र-लेखन 4. शैली 5. सुलेख

हाय उर्दू-नवाज़ वो अय्याम[1]

बैतबाज़ी[2] का मशग़ला[3] था आम

कैसा जादू था पानदानों में

रात कटती थी दास्तानों में

ख़्वाब भी शायराना आते थे

शे'र तकियों पे काढ़े जाते थे

सोज़-ओ-साइल के शहर दिल्ली में

इल्म बटता था चायख़ानों में

घोला जाता था शहद कानों में

और अब क्या बयाँ करें अहवाल[4]

चैन से कट रहे थे माह-ओ-साल

फिर अजब दौर-ए-इज़्तिराब[5] आया

कू-ब-कू[6] एक इंक़िलाब आया

मुंतशिर[7] ख़ानदान होने लगे

सब कुशादा मकान खोने लगे

आईने भी न रह सके शफ़्फ़ाफ़[8]

दूर तक छा गया धुएँ का ग़िलाफ़[9]

बर्क़-रफ़्तार[10] हो गई दिल्ली

कारख़ानों में खो गई दिल्ली

❑❑❑

---

1. दिन 2. शे'रों की अंताक्षरी 3. व्यस्त होना, दिल-बहलावा 4. हाल 5. बेचैनी का दौर 6. गली-गली 7. तितर-बितर 8. साफ़ 9. चादर 10. तेज़ रफ़्तार

राजपाल एण्ड सन्ज़ की स्थापना एक शताब्दी पूर्व 1912 में लाहौर में हुई थी। आरम्भिक दिनों में अधिकतर धार्मिक, सामाजिक और देश-प्रेम की पुस्तकें प्रकाशित होती थीं और हिन्दी के अतिरिक्त अंग्रेज़ी, उर्दू व पंजाबी भाषा में भी पुस्तकें प्रकाशित की जाती थीं।

1947 में भारत-विभाजन के बाद राजपाल एण्ड सन्ज़ को नए सिरे से दिल्ली में स्थापित किया गया और साहित्यिक पुस्तकों के प्रकाशन का आरम्भ हुआ। रामधारी सिंह दिनकर, महादेवी वर्मा, बच्चन, अज्ञेय, शिवानी, आचार्य चतुरसेन, विष्णु प्रभाकर, राजेन्द्र यादव, मोहन राकेश, रांगेय राघव, कमलेश्वर और अन्य साहित्यिक लेखकों की कृतियाँ यहाँ से प्रकाशित होने लगीं। राजपाल एण्ड सन्ज़ से प्रकाशित *मधुशाला, कुरुक्षेत्र, मानस का हंस, आवारा मसीहा, कितने पाकिस्तान, आषाढ़ का एक दिन* जैसी पुस्तकें हिन्दी साहित्य की 'क्लासिक पुस्तकें' मानी जाती हैं और आज भी लोकप्रियता के शिखर पर हैं। भारत के राष्ट्रपतियों और प्रधानमंत्रियों की पुस्तकें प्रकाशित करने का गौरव भी राजपाल एण्ड सन्ज़ को प्राप्त है। नोबेल पुरस्कार से सम्मानित अर्थशास्त्री डॉ. अमर्त्य सेन की सभी पुस्तकों के हिन्दी अनुवाद यहाँ से प्रकाशित हैं। अन्तरराष्ट्रीय चर्चित पुस्तकों के अनुवाद, विश्वविख्यात कोशकार डॉ. हरदेव बाहरी द्वारा सम्पादित 'राजपाल' शब्दकोशों की शृंखला और किशोरों के लिए सैकड़ों पुस्तकें राजपाल एण्ड सन्ज़ से प्रकाशित हुई हैं।

पाठकों के स्वस्थ और सुरुचिपूर्ण मनोरंजन और ज्ञानवर्धन के लिए समर्पित राजपाल एण्ड सन्ज़ से हिन्दी और अंग्रेज़ी में पुस्तकें प्रकाशित होती हैं जो देश के सभी बड़े पुस्तक-विक्रेताओं और विश्व भर के ऑनलाइन विक्रेताओं के यहाँ उपलब्ध हैं।

राजपाल एण्ड सन्ज़

1590 मदरसा रोड, कश्मीरी गेट, दिल्ली-6, फोन: 011-23869812, 23865483
email: sales@rajpalpublishing.com, facebook: facebook.com/rajpalandsons
website: www.rajpalpublishing.com